世界文明奇迹

墨 人◎主编

吉林出版集团股份有限公司

图书在版编目(CIP)数据

世界文明奇迹 / 墨人主编. —长春:吉林出版集
团股份有限公司，2011.11
（读好书系列）
ISBN 978-7-5463-6938-9

Ⅰ.①世… Ⅱ.①墨… Ⅲ.①名胜古迹—世界—青年
读物②名胜古迹—世界—少年读物 Ⅳ.①K917-49

中国版本图书馆 CIP 数据核字（2011）第 219745 号

世界文明奇迹
SHIJIE WENMING QIJI

主　编　墨　人
出版人　吴　强
责任编辑　朱子玉　杨　帆
开　本　710mm×1000mm　1/16
字　数　100 千字
印　张　10
印　数　10001—12000 册
版　次　2011 年 11 月第 1 版
印　次　2022 年 5 月第 3 次印刷

出　版　吉林出版集团股份有限公司
发　行　吉林音像出版社有限责任公司
地　址　长春市南关区福祉大路5788号
　　　　邮编:130022
电　话　总编办:0431-81629680
　　　　发行科:0431-81629667
印　刷　河北炳烁印刷有限公司

ISBN 978-7-5463-6938-9　　　　定价:34.50 元

前　言

　　摊开世界地图,五大洲的轮廓跃然纸上。透过地图,你会感受到五大洲的天空下,有无数文明奇迹吸引着我们的双眼,甚至震撼着我们的心灵。从宫殿到教堂,从驿站到陵墓,从雕像到石窟,每一处细节无不渗透着不同国度不同地域的人们的信仰与寄托。

　　虽然有些文明奇迹人类至今仍无法解释它是如何形成或消失的,但透过人类从未懈怠的研究姿态,能否寻求到最终的答案似乎已不重要,这份源自亘古的疑惑,何尝不是连接历史与现代的桥梁?它让现代人的心与脚步依然留恋和徘徊在那片充满神秘的文明之地。

　　不用漂洋过海,不用奔波劳顿,我们会用文字和图片带您旅行,为您捕捉每一处文明奇迹的全貌、局部甚至细节,用文字网罗您想知道的,用图片聚焦您想看到的,任您的目光和思绪游弋在那些文明奇迹的过去或者现在。

　　这本《世界文明奇迹》共分四章,分别从欧洲、美洲、非洲和亚洲的版图上撷取23处文明奇迹,并按照其各自形成时间的先后顺序为您从形成背景、特色及构成等方面一一诠释。这些文明奇迹涉及宫殿、教堂、遗址、陵墓、雕像、石窟、运河等,几乎均被收录在《世界遗产名录》中,值得世界喝彩,值得世人歌颂。

　　愿此书能成为您常看常新的了解世界文明的窗口!

编　者

目录
MU LU

奇琴依察古城包括中美洲建筑中一些著名的例证，综合了玛雅人的建筑技巧和托尔特克人的雕刻装饰特色。

自由女神像是法国赠送给美国独立100周年的礼物，是由法国著名雕塑家巴托尔迪历时10年雕凿而成的。

巴拿马运河是沟通大西洋与太平洋的重要航运水道，它的开通大大缩短了两洋之间的航程。

第三章 非洲

非洲，仿佛一本厚重的书，每一页都书写着生活在这片大陆上的人们创造的灿烂文明。这里不但有最古老的人类，也有辉煌的文明古国，更有不同文化交融的结晶。

埃及的金字塔之所以被称为世界奇观，是因为在没有先进科技的协助下，单靠一些原始工具及人力，竟可建成如此宏伟的建筑。

迦太基古城遗址是突尼斯最为著名的古迹。它是奴隶制国家迦太基的都城，也是当时北非地中海地区政治、贸易和商业的中心。

大津巴布韦遗址是非洲著名的古代文化遗址，也是非洲撒哈拉沙漠以南地区规模最大、保存最为完好的石头城建筑群体。

第四章 亚洲

亚洲是面积最大的大洲，而且其文明起源较早，拥有超过世界一半的历史。亚洲是世界四大文明古国的发祥地。

耶路撒冷里数不胜数的圣地、古迹和祈祷场，表明了耶路撒冷对于犹太教徒、基督教徒和穆斯林的意义。

大马士革不但以其美丽的风光和丰富多彩的古建筑吸引人，而且以其芬芳鲜艳的玫瑰闻名于世。

伊斯法罕古城曾是东西方贸易集散地、"丝绸之路"南路的重要驿站，自古就有"伊斯法罕半天下"的美称。

波斯波利斯古城巧妙地利用地形，依山造势，将自然的地理形貌和人类的艺术精华完美地融汇在一起。

佩特拉古城一半突出，一半镶嵌在环形山的岩石里，到处是小路和峡谷，是世界著名的考古遗址。

阿旃陀石窟既是古印度的佛教圣地，又是南亚佛教石窟的代表性建筑。

阿施陀石窟论国际政要还是普通游客，但凡来到印度，哪怕日程再忙，都要挤出时间去瞻仰一下这座举世闻名的爱情丰碑。

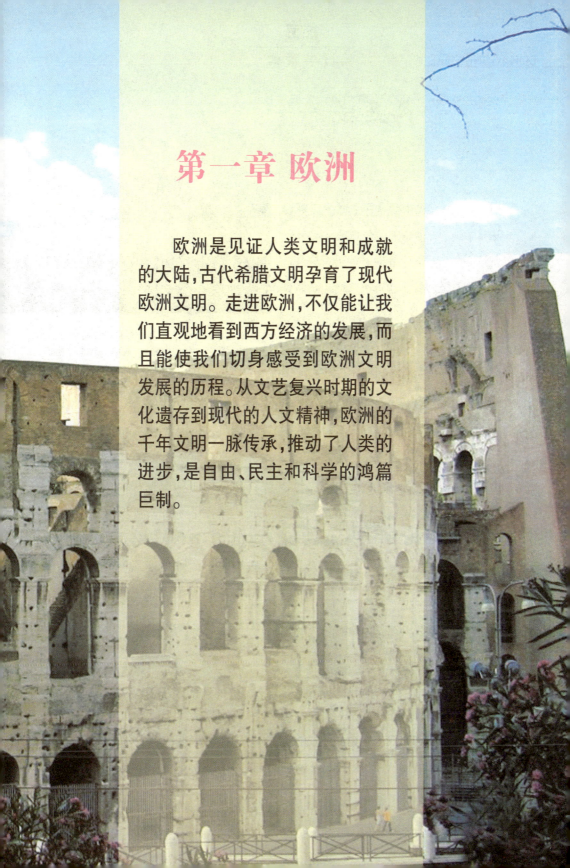

第一章 欧洲

　　欧洲是见证人类文明和成就的大陆，古代希腊文明孕育了现代欧洲文明。走进欧洲，不仅能让我们直观地看到西方经济的发展，而且能使我们切身感受到欧洲文明发展的历程。从文艺复兴时期的文化遗存到现代的人文精神，欧洲的千年文明一脉传承，推动了人类的进步，是自由、民主和科学的鸿篇巨制。

雅典卫城

雅典卫城是雅典及全希腊的一颗明珠,是雅典民主的象征。雅典卫城海拔156米,从雅典市的任何地方都可以看到,但是自然的山体走势使人们只能从西侧登上卫城。雅典卫城的山顶集聚着古希腊文明最杰出的作品,卫城因有这些杰出的古典建筑遗迹而闻名世界。

●雅典卫城集中了许多古希腊著名的建筑,是雅典乃至全希腊的明珠,更是雅典民主的象征

■简介

雅典卫城是当时雅典城宗教的圣地和城市公共活动的中心,也是雅典全盛时期的纪念碑。雅典卫城建于城内的一个陡峭的高于地面70～80米的山顶台地上,东西长约280米,南北最宽处为130米,山势险要。雅典卫城内各个建筑物均处于空间的重要位置上,如同一系列精心布置的艺术雕塑。雅典卫城由著名的帕提侬神庙、埃雷赫修神庙、胜利女神庙和卫城山门等古建筑组成,保存下来的有帕提侬神庙、卫城山门、胜利女神庙、伊瑞克先神庙等遗迹。雅典卫城是雅典人智慧与胸襟的集中表现,更体现了当时雅典高度发达的文明,被誉为"希腊的国宝"。

■建筑特色

雅典卫城发展了民间圣地建筑群自由活泼的布局方式:建筑物的

安排顺应地势，建筑布局不是刻板的简单轴线关系，而是人们长时期在步行观察中思考和实践的结果。雅典卫城的建筑与地形结合紧密，极具匠心。如果把雅典卫城看作一个整体，那么山冈本身就是它的天然基座，而且建筑群多个局部的安排都与这基座自然的高低起伏相协调，构成完整的统一体。它被认为是希腊民族精神和审美理想的完美体现。

● 帕提侬神庙是雅典卫城最高处的建筑物

● 帕提侬神庙的石柱近景

● 帕提侬神庙遗址

■帕提侬神庙

　　雅典卫城建筑群的中心是帕提侬神庙，又称万神殿，是供奉雅典城的保护神——雅典娜女神的地方。它采用古希腊时代流行的多利亚柱廊风格修建而成。由当时著名的建筑师伊克梯诺和卡里克利特在执政官伯里克利的主持下设计，费时9年，于公元前432年完工。

　　整个建筑为长方形，由50根大

3

立柱环绕神庙围成柱廊，总面积达2170平方米。这些立柱都由名贵的铁纹白色大理石凿制而成，柱身布满一条条从上到下剜出的凹槽，在光线明暗的变化之中，表现出强烈的立体感和垂直结构。由立柱围成的柱廊朴实厚重，体现出一种极富力量的阳刚之美。屋顶三角楣上刻有浮雕，正面是雅典娜女神披戴盔

●卫城山门的爱奥尼立柱

争的情景。内侧上方的墙面上，浮雕着雅典大祭的队伍。本来神庙里有一尊由象牙和薄金打造的大雅典娜巨像，但后来在被运到

●卫城山门近景

甲从宙斯头部跃出的情景，背面是雅典娜与海神波塞冬争当雅典城守护神的场面。背面的雕刻现收藏在英国大英博物馆。三角楣下的四方壁上雕刻的是特洛伊战

●胜利女神庙外观

君士坦丁堡（今土耳其首都伊斯坦布尔）后即下落不明。神庙的石墙更为奇妙，它由切割的大理石块拼镶而成，没用任何灰泥，却密合得天衣无缝，足见当时切割与磨制大理石技术的高超。神庙外部自然和谐、大气磅礴，给人以"辉煌中的安详、恬静"之感。

帕提侬神庙虽然是举世闻名的古代七大奇观之一，但是今天神庙的庙顶几乎荡然无存，唯有巨柱如石林矗立，在巨大的高冈上，建筑的巨石散落在庙旁，犹如一个工地。从远处遥望雅典卫城的遗迹，唯有帕提侬神庙的骨架仍旧巍然挺立。

■卫城山门

卫城山门是雅典卫城的入口，建于公元前437年—公元前431年，由尼西克利斯设计，是继帕提侬神庙后的又一标志性建筑，以简洁的造型屹立于卫城两侧。它的立面前后均用6根多立克柱装饰，中央一

●伊瑞克先神庙外观

根最为宽大，以强调大门的特征。山门以西的内坡道两侧，各有3根秀美挺拔的爱奥尼立柱，在柱顶托着的爱奥尼式梁枋上，彩绘着鲜艳的盾剑画。这两排装饰华丽的立柱作为山门的借景，背后又是湛蓝的天空，更烘托出没有装饰的山门的刚劲、庄重和动人的效果。门廊的两翼不对称，北翼曾是绘画陈列馆，南翼则是敞廊。土耳其人占领时期，曾将山门作为火药库，土耳其总督也曾在此居住。1640年，山门因遭

●伊瑞克先神庙中举世闻名的女神像柱

雷击而受到严重破坏。

■胜利女神庙

胜利女神庙，又名无翼胜利女神庙，建于公元前421年。采用爱奥尼亚柱式，前后柱廊的雕饰精美，是居住在雅典的多利亚人与爱奥尼亚人共同创造的建筑艺术结晶。庙内有一尊没有翅膀的雅典娜神像。在希腊艺术中，胜利女神都以有翼的女性为代表，而雅典娜胜利女神庙一般称为无翼胜利女神庙。这是因为，在古希腊时期，城邦往往要为抵御外辱而出征作战，雅典市民希望每次战斗都能凯旋，并希望长着翅膀的胜利女神作为雅典的庇佑神永远不要远走，于是就去掉了雅典娜的翅膀，这就是"无翼胜利女神庙"的由来。这座神庙历经兴废盛衰与战火洗劫，17世纪时英国人又拆走了许多浮雕，现在只剩下几座11米高的圆柱。

■伊瑞克先神庙

伊瑞克先神庙是雅典卫城建筑群中的又一颗明珠，是一座爱奥尼亚式的神殿，建于公元前421—公元前405年，是培里克里斯制订的重建卫城计划中最后完成的重要建筑。其构思之奇特复杂和建筑细部之精致完美，在古希腊建筑中是不多见的，特别是该庙中的女神雕像、柱廊和窗户，在古典建筑中是十分罕见的。

伊瑞克先神庙因其形体的复杂和精致完美而著名。它的东立面由6根爱奥尼亚柱构成入口柱廊，西部地基低，西立面在4.8米高的墙上设置柱廊。西部的入口柱廊虚实相映。南立面的西端，突出一个小型柱廊，用女性雕像作为承重柱，她们束胸长裙、轻盈飘逸、亭亭玉立，是这座神庙最引人注目的部分，在古典建筑中也是罕见的。雕像正面朝南，在白色大理石墙面的衬托下，格外清晰悦目。神庙中的雅典娜女神雕像是所有雅典娜雕像的蓝本。

伊瑞克先神庙屡遭战乱，已失去原貌。许多西欧人千方百计地将其精华部分据为己有，庙内文物也散失殆尽。例如，自西边数第二个女雕像就被英国埃尔金勋爵盗运到伦敦。现在神庙中的雅典娜女神雕像仍然是所有雅典娜雕像的蓝本。它们贮立在神庙的建筑间，无言地注视着几千年的人世变换、沧海横流。

古罗马竞技场

古罗马竞技场是世界上最著名的建筑物之一。古罗马人用它作为斗士间格斗、人与动物搏斗或动物之间相互厮杀的场所，还在这里举行模拟海战，顷刻间整个竞技场就可以被水淹没。在这里大多数的竞技是暴力性的，被杀戮的动物数量很大。

●古罗马竞技场复原图

是古罗马帝国永恒的象征。

古罗马竞技场原名"弗拉维奥露天剧场"。其地基原是古罗马帝国有名的暴君尼禄皇帝金宫中的一个小湖。公元72年，由维斯帕西安皇帝开始兴建，至公元80年由蒂托皇

■简介

古罗马竞技场，位于意大利首都罗马市中心的威尼斯广场南面，古罗马市场附近，又称"科洛塞奥竞技场"（"科洛塞奥"语出意大利文，意为"巨大"）。它是遗留下来的古罗马建筑中最卓越的代表，也

●古罗马竞技场的整座建筑均用淡黄色大理石砌成

● 巨大的椭圆形的竞技场共有 4.5 万个座位和 5 000 个站位，可容纳 5 万名观众

帝完成，历时 8 年之久。由于修建竞技场的两个皇帝及后来完成竞技场最后一层建筑的皇帝都属于弗拉维奥家族，即其建于弗拉维奥皇朝时期，故称"弗拉维奥露天剧场"。

可以容纳至少 50 000 名观众的竞技场主要用途是斗兽和角斗士角斗。在众多的表演中，让人最不忍回忆的是庆祝竞技场竣工的表演，庆祝活动延续了 100 天，杀死 5000 头猛兽，有上百名角斗士丧生。当时的竞技比赛，常持续数

日。角斗士在竞技之前先绕场游行一周，行至皇帝座前时高呼："恺撒万岁！蹈火赴死之徒向您致敬！"间或有溃败的斗士向皇帝呼求免死，此时观众若竖起拇指表示赞同，皇帝就会免其一死，否则便不得赦免。人们对这种残忍的角斗着迷到了令人难以相信的程度，特别是妇女竟然也对此极为着迷。罗马角斗士的格斗始现于公元前 3 世纪中叶，禁于公元 407 年。

● 古罗马竞技场俯瞰图

直到公元 608 年，竞技场一直用于角斗和斗兽，中世纪时改成一个城堡。此后部分被毁，成了挖取建筑材料用以建造教堂和宫殿的场所。这样的破坏一直持续了好几个世纪，到 19 世纪时才被制止。而后，几届教皇开始对其进行修复，那些补砌的砖就是历次修复的明证。

历经 2 000 多年风霜雨雪的侵蚀，多次遭到天灾人祸破坏的古罗马竞技场，其高耸的围墙已经残缺不全，角斗士与猛兽生死搏斗的舞台和罗马市民的座席也已破败不堪，但仍不失其雄伟壮观的气势。

■结构

古罗马竞技场外观呈正圆形，俯瞰为椭圆形。整座建筑占地 2 万平方米，大直径为 188 米，小直径为 156 米，圆周长 527 米，围墙高 57 米，均用淡黄色大理石砌成。围墙共分四层，一、二、三层均有半露圆柱装饰。每两根半露圆柱之间为一长方形拱门，一、二、三层共计 80 个拱门，

● 古罗马竞技场看台

●古罗马竞技场多洞的外墙

只需短短的几分钟就可以疏散所有观众。第四层外墙表面的装饰较为简单，由长方形半露方柱和长方形窗户构成。在该层的 2/3 高处，设有等距离的支架，供举行盛会时，固定圆顶上方的天篷为观众遮阳。据说，在当时，第二、三层每个拱门洞中都有一尊大理石人物雕像作为装饰，其姿态各异，英武豪俊，使建筑显得既宏伟又不失灵秀，既凝重又空灵，整体建筑看上去颇像一座现代化的圆形运动场。

■看台

古罗马竞技场内的看台为阶梯形。据资料记载，竞技场的看台分为三个区：底层为第一区，是皇室、贵族、骑士阶层的座位，是用整块大理石雕琢而成的，该区的其他座位则为元老院议员、法官、祭司、贵宾及主教所设；二层是第二区，为市民区；最高层即第三区，是平民区。第三区上部还有一层，是专为妇女保留的，其座椅为木质；再上面是一个较大的平台，此处可供观众随意站立观看表演。为了安全，看台前还专门建有高高的栏杆护墙，与表演区相隔。

■建筑元素

一、外墙上的洞

古罗马竞技场的外墙表面全是洞。建造竞技场围墙的石块原先是用铁钎子固定的，后来把铁钎子抽去，就留下了许许多多的洞。多少个世纪以来，关于这些洞有数不清的解释。其中，有一种说法是，公元5世纪的时候，汪达尔人和西哥特人企图毁掉整个建筑。还有一种说法是，第二次世界大战的时候，古罗马竞技场曾遭到轰炸。

二、立柱

爱奥尼柱式，源于古希腊。特点是比较秀美纤细，柱身有24条凹槽，柱头有一对向下的涡卷装饰。爱奥尼柱由于其优雅高贵的气质，

●古罗马竞技场内残留的多立克柱式

13

广泛出现在古希腊的建筑中。

多立克柱式，是古典建筑三种柱式中出现最早的一种（公元前7世纪），源于古希腊。特点是比较雄壮粗大，没有柱基，柱身有20条凹槽，柱头没有装饰。

科斯林柱式，源于古希腊。它比爱奥尼柱式更为纤细，柱头用毛莨叶装饰，形似盛满花草的花篮。

古罗马竞技场在最需要承重的最底层，采用了最粗的多立克柱式。同时，最底层也是离人群最近的一层，粗壮的多立克柱式搭配底层最厚重的围墙，很好地烘托出了角斗场的庄严气氛。随着高度的上升，多立克柱式逐渐显得累赘，设计者采用了稍显轻盈的爱奥尼柱式，最后是科斯林柱式。这种设计既符合工程原理，同时也给人以感官上的舒适。

●古罗马竞技场外墙上的拱门造型随处可见

三、拱门

喜欢新潮的罗马人并不止步于立柱的灵活运用，他们在两根柱子的顶端用一个石拱将它们联系起来，这样改变了人们印象中死板的石柱搭配平顶的套路，做到了曲线和直线的有机结合，再加上竞技场本身的形状是椭圆形的，大小曲线遥相呼应，相得益彰。

克里姆林宫

由俄罗斯建筑家和外国建筑家于14世纪到17世纪共同修建的克里姆林宫,作为沙皇的住宅和宗教中心,与13世纪以来俄罗斯所有重要的历史事件和政治事件密不可分。坐落在红场上防御城墙脚下的圣瓦西里大教堂是俄罗斯传统建筑的代表作之一。

■简介

克里姆林宫是"城垒"或"内城"的意思。克里姆林宫位于莫斯科市中心,占地28万平方米,其西墙根下是占地9万平方米的红场。莫斯科河沿着克里姆林宫南墙根和红场南部穿城而过。克里姆林宫是建于11—17世纪的宏伟建筑群,它曾是历代沙皇的皇宫,是沙皇俄国权力的象征。历史上起着防御的作用,也是宗教和政治活动中心。

克里姆林宫始建于1156年,原为苏兹达里大公爵尤里·多尔哥鲁基的庄园,有"木造小城堡"之称。1367年,在城堡原址上修建白石墙,随后又在城墙周围建造塔楼,几经修缮和扩建,20座塔楼参差错落地分布在三角形宫墙的三边。

●莫斯科河畔远眺克里姆林宫

在15世纪末,克里姆林宫就成了国家政权和宗教权力的所在地。18—19世纪,俄国将首都迁到圣彼得堡。1918年,莫斯科重新成为首都,克里姆林宫则成了最高权力机关的所在地。如今,俄罗斯总统的官邸就在克里姆林宫。

现在的克里姆林宫建筑群是在

数个世纪中形成的。在 17 世纪末，克里姆林宫已是布局完整，广场、街巷、花园密布的建筑群。在 18—19 世纪，克里姆林宫实施了大规模的重建。雄伟的行政大楼和宫殿代替了许多中世纪的建筑物。它们大大改变了古老的克里姆林宫的面貌，但始终保留了属于自己的民族特点。

宫共有总面积达 2 万平方米的 700 个厅室，每个厅室各具特色，但都金碧辉煌。宫殿的正中是饰有各种花纹图案的阁楼，上有高出主建筑物的紫铜圆顶，并立有旗杆，节日时即升上国旗。第一层正面大厅全用孔雀石、大理石装饰，陈列有精致瓷器、青铜制品和 19 世纪的家具；第二层有格奥尔基耶夫大厅

● 大克里姆林宫内景

■大克里姆林宫

　　大克里姆林宫是克里姆林宫的主体宫殿，坐落在克里姆林宫西南部，竣工于 1849 年，为二层楼建筑，楼上有露台环绕。大克里姆林

● 伊凡大帝钟楼是克里姆林宫中最高的建筑

（最为著名）、叶卡捷琳娜大厅和弗拉基米尔大厅。苏联解体前，格奥尔基耶夫大厅主席台正中立着列宁塑像，大厅正面有18根圆柱，柱顶均塑有雕像。苏联解体前，大克里姆林宫曾是苏联政府、苏共中央和社会团体举行会议的场所。1991年12月25日19时38分，印有锤子和镰刀的苏联国旗从这里降下，换上了白、蓝、红三色的俄罗斯国旗。

这里现在是俄罗斯总统办公的地方，也是举行各种政治活动、国事活动、隆重庆典、授勋仪式的地方。

■ 伊凡大帝钟楼

　　81米高的伊凡大帝钟楼是克里姆林宫中最高的建筑物。它也是一座瞭望塔，可以俯瞰周围约32千米的范围。该钟楼建于16世纪初，原为三层，1600年增至五层，冠以金

● 圣母升天大教堂

顶。从第三层往上逐渐变小，外观呈八面棱体层叠状，每一棱面的拱形窗口均置有自鸣钟。1532—1543年，在其北建起四层立方体钟塔楼。1624年夏，用白石修建了菲拉特列特钟塔楼。现在将其下层用作克里姆林宫博物馆，展出金、银器皿和其他物品。所有钟塔楼共有21座大钟，30多座小钟。十月革命以后，钟楼上的钟就沉默了，1992年复活节时才重新敲响。若沿伊凡大帝钟楼的台阶而上，登上塔楼之顶，莫斯科全景可一览无余。

■教堂广场

在克里姆林宫中心最古老的教堂广场上，建有圣母升天大教堂、报喜大教堂、天使长大教堂和圣母法衣存放教堂。在这些宗教建筑中，巍峨壮观的白石头教堂是圣母升天大教堂，其有5个顶，建于1480年，一直是俄皇举行加冕大礼的地方。广场东边是报喜大教堂，它曾经是大公和沙皇的家用礼拜堂，在

●经常举行盛大阅兵仪式的红场

这里举行皇族的婚礼。对面的天使长大教堂是君王的陵寝，建于16世纪初，是彼得大帝之前莫斯科历代帝王的墓地。

■ 红场

红场是莫斯科的中央广场，它见证着莫斯科，甚至俄罗斯的许多重大历史事件。长方形的红场长695米，宽130米，南北长，东西窄，总面积9万余平方米。红场原名"托尔格"，意为"集市"。17世纪中叶起开始称"红场"。在俄文中，"红色的"不仅是指颜色，而且还有"美丽""美好"的意思。因此，红场意为"美丽的广场"。

17世纪以来，红场是进行贸易和举行各种隆重仪式和节日娱乐活动的场所。沙俄时期，这里既是莫斯科的商业中心，又是沙皇政府举行凯旋检阅和宣读重要诏书的场所。十月革命后，红场成为苏联庆祝重要节日的地方，庆祝十月革命节的阅兵式、一年一度的

●圣瓦西里大教堂

"五一"集会和群众游行，都在这里举行。即使是在平常的日子里，庄严肃穆的气氛也隐隐笼罩着这个用石块铺设的广场。

■圣瓦西里大教堂

　　红场南面是圣瓦西里大教堂。富于创意的形式、色彩与精妙绝伦的结构完美结合，使这座教堂令人叹为观止。它不同于欧洲古代的哥特式与罗马式建筑，而与东方清真寺风格颇为相似。该教堂是伊凡四芒为了纪念1552年战胜喀山鞑靼军队而下令建造的，目的是要体现俄罗斯人战胜鞑靼人的豪情。这座教堂是9个小教堂的和谐组合，中间大一点的教堂冠有一个大尖顶，四周8个小教堂都有一个鲜艳的圆顶，每个圆顶的花纹都不相同。9个"葱头"形的金色圆顶相映成趣，美妙绝伦，于是被戏称为"洋葱头"式的圆顶，在俄罗斯及东欧国家中别具一格，成为红场的标志性建筑。

■主宰过克里姆林宫的两个人

　　1530年8月25日，克里姆林宫里诞生了一位小王子，他就是后来的沙皇伊凡四世。因为他诞生在雷鸣之时，脾气又暴躁，后来被称作"伊凡雷帝"。他在3岁时继承父位成为大公，14岁执政，16岁加冕为沙皇，征战的胜利使他建立了一个强大的王国，由他在莫斯科进行统治。他生性残暴，1581年时一怒之下杀死了自己的儿子，3年后他在下棋时突然倒地而亡，死因不明。据说在圣瓦西里大教堂落成后，伊凡雷帝为这座美妙的建筑而兴高采烈，传旨让建筑师进宫，为了别处不再出现如此美丽的教堂，他下令弄瞎了建筑师的双眼。

　　克里姆林宫也留居过一位20世纪真正的伟人，他就是苏联的缔造者、革命家列宁。1918年，当莫斯科再次成为首都后，克里姆林宫重新成为苏维埃政权的所在地。此后，克里姆林宫统治着苏联。列宁迁入18世纪参议员大楼办公，在大楼顶楼过着俭朴的生活。他书房墙上的钟一直停在 8 点 15 分，这是他病重无望时最后一次离开房间的时间。列宁于 1924 年逝世，经过防腐处理的遗体陈放在红场上一个木质的方尖塔中。1930 年，改建成花岗石陵墓，一半埋在地下，一半露出地面。列宁躺在水晶棺里，身上覆盖着苏联国旗。

巴黎圣母院

　　几个世纪以来，巴黎圣母院一直是法国举行宗教、政治和民众生活中重大事件仪式的重要场所。在法国人心中，巴黎圣母院十分亲切，每逢星期日，成千上万的人来到这里做弥撒、听音乐。教堂里演奏的著名作曲家的作品和庄重的宗教音乐，不知吸引了多少游人和宗教信徒。

■简介

　　巴黎圣母院位于法国巴黎市中心塞纳河中的城岛上，是世界著名的天主教堂。可以说，法国巴黎的每一寸土地都是以岛上的巴黎圣母院为起点而发展起来的。圣母院始建于1163年，由教皇亚历山大和国王路易七世共同主持奠基。工程历时80余年，直到1250年才最后完成。此后，由于屡经战乱破坏，圣母院破败不堪。在17世纪和19世纪，法国建筑大师在原有风格的基础上重新设计修复过两次，才使巴黎圣母院显现出今日的风姿。

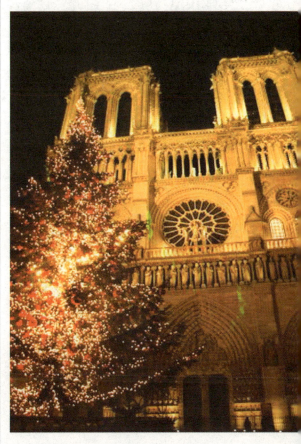

●夜色中的巴黎圣母院

　　巴黎圣母院之所以闻名于世，主要因为它是欧洲建筑史上一个划

●巴黎圣母院是世界著名的天主教堂,被视为法国最伟大的艺术杰作之一

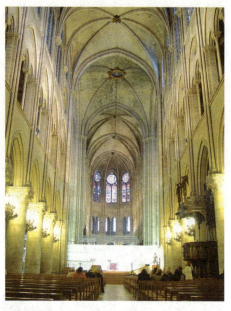

●巴黎圣母院内景

时代的标志。在它之前,教堂建筑大多笨重粗俗,阴暗的空间、厚实的墙壁、粗矮的柱子、沉重的拱顶,使人感到压抑。巴黎圣母院冲破了旧的束缚,创造出一种全新的轻巧的骨架券,这种结构使拱顶变轻了,空间升高了,光线充足了。这种独特的建筑风格很快在欧洲传播开来。

圣母院内部极为朴素,几乎没有什么装饰。大厅可容纳9 000人,其中1 500人可坐在讲台上,厅内的大管风琴也很有名,共有6 000根音管,音色浑厚且响亮,特别适合奏圣歌和悲壮的乐曲。曾经有许多重大的典礼在这里举行,例如宣读

1945年第二次世界大战胜利的赞美诗,又如1970年举行法国总统戴高乐的葬礼等。

巴黎圣母院是巴黎市著名的历史古迹,雨果曾在小说中称赞它是巨大的、石头组成的交响乐。虽然

●巴黎圣母院的彩色玻璃窗

这是一幢宗教建筑，但它闪烁着法国人民的智慧，反映了人们对美好生活的向往与追求。

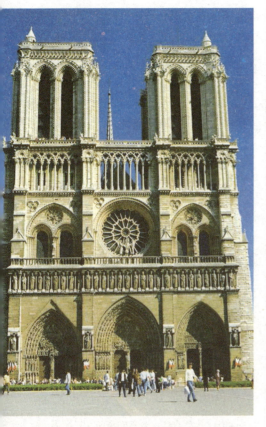

●巴黎圣母院外观

●巴黎圣母院拱门上的浮雕

■内景

　　走入巴黎圣母院内，可见右侧摆放着一排排烛台，数十支白烛的光辉使院内洋溢着柔和的气氛。坐席前设有讲台，讲台后面有三座雕像，左、右雕像是国王路易十三和路易十四，两人目光均望向中央的"圣母哀子像"，耶稣横卧于圣母膝上，圣母神情非常哀伤。

　　巴黎圣母院第二层楼是著名的玫瑰窗，色彩斑斓。这富丽堂皇的彩色玻璃可不仅仅是用作装饰的，它刻画了一个又一个的圣经故事，以前的神职人员通过这些图像来进行传道。

要享受独自一人的宁静，不妨去巴黎圣母院的第三层楼，也就是最顶层，即雨果笔下的钟楼。从钟楼可以俯瞰巴黎如诗画般的美景。

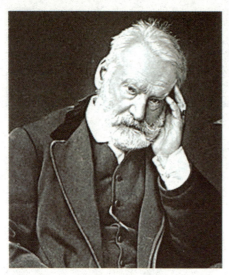

●雨果

■**外景**

巴黎圣母院正面呈立方形，庄严和谐，从上而下共分三层。最底层是并排着的三个尖形拱门，门上刻有表现《圣经》故事的浮雕。自左向右依次为《圣母和圣婴的故事》

《最后的审判》《圣母与圣安娜的生活》，这些享有盛誉的浮雕故事是专为当时那些不识字的信徒雕刻的。在三个拱门的上方是长条的壁龛，也称"国王长廊"，排列着耶稣基督先祖 28 任帝王的雕像。中间一层是圣母画廊，有三扇窗子。两边的窗子分别雕有亚当、夏娃的塑像；中间是一扇圆形大花窗，称"玫瑰门"，由 37 块玻璃组成，直径约 10 米，是 700 年前的原物；窗的前面有圣母怀抱圣婴的雕像。最上面的一层是一条由许多美丽的白色雕花栏杆组成的走廊，连接着南北两座高 69 米的巨型钟楼。南钟楼上挂着一座重达 13 吨的巨钟，这座钟的铸料中含有金银成分，这些金银来自巴黎妇女为了表达虔诚之心而奉献出的首饰。北钟楼则设有 387 级阶梯。两座钟楼后面有座高达 90 米的尖塔，高耸入云，塔顶是一个细长的十字架，远望似与天穹相接。据说，耶稣受刑时所用的十字架及其冠冕就在十字架下面的球内封存着。

■雨果与巴黎圣母院

许多人知道巴黎圣母院，都是因为读了雨果的小说《巴黎圣母院》。但许多人不知道巴黎圣母院与雨果之间其实还有着令人难以置信的缘分。据1831年出版的《巴黎圣母院·原序》记载：雨果在一次造访巴黎圣母院时，偶然发现在圣母院一座塔楼的暗角上，有人刻下两个大字——命运。这两个字顿时使雨果产生了极大的兴趣，并引起了他深沉的思考。是谁会在这样的地方刻下这两个字，这两个字究竟蕴含了怎样的悲哀和不幸？于是，雨果以巴黎圣母院为背景，展开了大胆的想象，终于为世人塑造出美丽热情、心地善良的吉卜赛少女埃斯梅拉达，面容丑陋但心灵高洁、敢跟邪恶与阴谋斗争的圣母院敲钟人卡西莫多，以及看似维护正义、一表人才，实际上却自私自利、卑鄙无耻的副主教克洛德·弗洛罗等栩栩如生的人物形象。正是通过这样一些

●雨果生活时代的巴黎

27

独具魅力的艺术形象，雨果充分揭示了欧洲中世纪教会的黑暗，并在其中寄寓了自己对正义与理想的不懈追求，从而使巴黎圣母院成为良知与道义的象征，成为善良与纯洁的所在，成为信仰与追求的寄托，成为对"美"的讴歌和对"恶"的鞭挞的形象化的见证。

作为建筑史和文学史上的两座高峰，巴黎圣母院和雨果之间实现了一次伟大的交相辉映，他们彼此因对方而不朽，并同时都被载入了人类不朽的史册。

卢浮宫

您一定看过达·芬奇的名画《蒙娜丽莎》，多少年来她的身世、她的微笑及她身后的背景构成了人们百思不得其解的艺术之谜。这幅唯一镶着防弹玻璃的作品，就珍藏在世界最著名的艺术博物馆——座落在美丽的塞纳河右岸的卢浮宫。

● 卢浮宫是文物珍宝的集中地

■卢浮宫简介

卢浮宫始建于 13 世纪，是当时法国王室的城堡，被充当为档案馆及国库。1546 年，建筑师皮埃尔·莱斯柯在法国国王的委托下对卢浮宫进行改建，从而使这个宫殿具有了文艺复兴时期的风格，后又经历代王室多次授权扩建及法国大革命时期的动荡，到拿破仑三世时卢浮宫的整体建设才算彻底完工。

继"贤王查理"建设了重要的图书馆而声名远播之后，16 世纪的弗朗索瓦一世又开始大规模地收藏各种艺术品，到路易十三和路易十四时期，卢浮宫的收藏已相当丰富。至路易十四去世前夕，卢浮宫已经成为经常展出各种雕塑和绘画作品的艺术场所。

1793 年 8 月 10 日，卢浮宫艺术馆正式对外开放，成为一个博物馆。从那时起，这里的收藏不断增加。如今，博物馆收藏目录上记载的艺术品数量已多达 40 万件，分为许多的门类

●卢浮宫正门的玻璃金字塔

品种：有东方各国的艺术品，有古代埃及、希腊、埃特鲁里亚、罗马的艺术品；有从中世纪到现代的雕塑作品；还有数量惊人的绘画精品及王室珍玩等。现在，卢浮宫已成为世界著名的艺术殿堂。

●迷人的卢浮宫夜景中，不难寻觅玻璃金字塔的影子

■玻璃金字塔

　　1981 年，法国政府对卢浮宫进行了大规模的整修，从此，卢浮宫成为专业的博物馆。值得一提的是，卢浮宫正门入口处有一个透明的金字塔建筑，卢浮宫的入口在大金字塔的下面，进入卢浮宫要先到地下室。它的设计者是著名的美籍华人建筑师贝聿铭。

　　20 世纪 80 年代初，法国总统密特朗决定扩建卢浮宫。为此，法国

●玻璃金字塔下的旋转扶梯

政府广泛征求设计方案，应征者都是法国及其他国家著名的建筑师，最后由密特朗总统出面，邀请了15位来自世界各国的声誉卓著的博物馆馆长对应征的设计方案进行遴选。结果有13位馆长选择了贝聿铭的设计方案，他的设计方案是用现代建筑材料在卢浮宫的拿破仑庭院内建造一座玻璃金字塔，不料此事在法国一经公布即引起轩然大波，人们认为这样会破坏卢浮宫的古建筑风格。但是密特朗总统力排众议，还是采用了贝聿铭的设计方案。

卢浮宫正门入口处的玻璃金字塔高21米，底宽34米，耸立在庭院中央。它的四个侧面，由673块菱形玻璃拼组而成，总平面面积约有2000平方米，塔身总重量为200吨，其中玻璃净重105吨，金属支架却只有95吨。换言之，支架的负荷超过了它自身的重量，因此建筑专家们认为，这座玻璃金字塔不仅

●卢浮宫内景

●卢浮宫中的《维纳斯》雕像

是体现现代艺术风格的佳作，也是运用现代科学技术的独特尝试。另外，在这座大型玻璃金字塔的南北东三面，还有三座 5 米高的小玻璃金字塔作为点缀，并与七个三角形喷水池汇成平面与立体几何图形的奇特美景，人们不再指责贝聿铭建造了这座玻璃金字塔，而是称"卢浮宫院内飞来了一颗巨大的宝石"。

● 雕像《萨姆特拉斯的胜利女神》

● 油画《蒙娜丽莎》

■镇宫"三宝"

卢浮宫目前已经成为世界三大博物馆之一，其艺术藏品种类之丰富、档次之高，堪称世界一流。其中最重要的镇宫三宝是世人皆知的：米洛的雕像《米洛斯的维纳斯》达·芬奇的油画《蒙娜丽莎》和雕像《萨莫色雷斯的胜利女神》。其他著名作品还有《狄安娜出浴》《丑角演员》《拿破仑一世加冕大典》《自由引导人民》等。

《米洛斯的维纳斯》对人们来说并不陌生。她身高 2.04 米，创作于公元 2 世纪。她是希腊的美神，不知倾倒了多少崇拜者！她的周围每天挤满了观众，她半裸着身体，极为自然、端庄。该雕像被认为是表现女性美的最杰出的作品。

油画《蒙娜丽莎》又称《永恒的微笑》，被认为是西欧画史上首幅侧重心理描写的作品。蒙娜丽莎端庄俊秀，脸上含着温和、深沉的微笑。那微笑有时让你觉得温文尔雅，令人陶醉；有时又仿佛内含哀愁，似显凄楚……更妙的在于，在这幅名画前贮足，不论你从哪个角度看，她那温和的目光总是微笑地注视着你，生动异常，仿佛她就在你身边。

雕像《萨姆色雷斯的胜利女神》创作于公元前 3 世纪，高 3.28 米，是座无头无手的雕像，1863 年从萨姆特拉斯岛的神庙废墟中被发掘出来。尽管该雕像已失去了手和头，但看得出她正迎风展翅，昂首挺胸，

●卢浮宫东方艺术馆

向世人宣告一场战争的胜利。根据研究，这是雕塑家为纪念希腊罗地岛的一场胜利海战而雕刻的。现在，该雕像每天受到成千上万人的瞻仰，成为已知雕像中表现热情奔放与动态的最完美的作品。

■六大展馆

法国人将馆藏的所有艺术珍品根据来源地和种类分别放在六大展馆中展出，即东方艺术馆、古希腊及古罗马艺术馆、古埃及艺术馆、珍宝馆、绘画馆及雕像馆。

东方艺术馆建于1881年，共有

●卢浮宫古埃及艺术馆展品

24 个展厅，3 500 件展品。这些展品主要来自北非和西亚地区，包括叙利亚、巴基斯坦、黎巴嫩、伊朗等国。其中带翅膀的牛身人面雕像最为有名，其曾"守卫"过亚述国王萨尔贡二世的宫殿大门。在"东方古文博物馆"第四厅，有一件我们比较熟悉的文物——《汉谟拉比法典》，该法典出自公元前 2000 年左右的古巴比伦，共 282 条，以楔形文字刻在一块黑色玄武岩上。玄武岩高 2.5 米，中部为 282 条法令全文，上部的人物像是坐着的司法之神向站着的汉谟拉比国王亲授法典，国王则右手致礼答谢，以示对

●卢浮宫珍宝馆展品

神授法典的尊敬。

古希腊与古罗马艺术馆建成的时间更早，大约在 1800 年向公众开放，其藏品更多，大约有 7000 件。古希腊与古罗马艺术馆的藏品以法国王室的收藏品为基础。拿破仑率领的法军在意大利获胜后，劫获了许多意大利的古代艺术品，并将它们带回法国充实卢浮宫。后来，法国又从各方面不断丰富里面的收藏品。

古埃及艺术馆建成于 1826 年，早于东方艺术馆，共有 23 个展厅，所收藏的珍贵文物达 350 件。这些文物包括古代尼罗河西岸居民使用的服饰、

●卢浮宫绘画馆

玩具、装饰物、乐器等。这里还有古埃及神庙的断墙、基门、木乃伊和公元前2600年的人头塑像等。

　　珍宝馆原来是雕像馆的一部分，后来由于收藏品的增多，1893年便独立组成展馆。最初，珍宝馆的展品主要是法国大革命时从王室没收来的珍宝。后来，博物馆组织人马到处收购，加上有人捐赠，展品有了极大的丰富，现在馆内有6 000多件展品。其中有镶满宝石的王冠、重达137克拉的大钻石，还有镀金的圣母像、历代王朝王室的装饰用具、家具等。

　　卢浮宫绘画馆所收藏的绘画之全、

●卢浮宫雕像馆

之珍贵是世界各艺术馆不能比拟的。绘画馆共有 35 个展厅，2 200 多件展品，其中三分之二是法国画家的作品，三分之一是国外画家的作品，14—19 世纪各种画派的作品均有展出。比较杰出的作品有：富凯的《查理七世像》（15 世纪）、拉斐尔的《美丽的女园丁》（16 世纪）、达·芬奇的《岩间圣母》（16 世纪）、勒南的《农民之家》（17 世纪）、里戈的《路易十四肖像》（18 世纪）、德拉克罗瓦的《肖邦像》（19 世纪）、安格尔的《土耳其浴室》（19 世纪）、路易·达维德的《拿破仑一世加冕大典》（19 世纪）等。在所有绘画作品中，最为杰出、最受人瞩目的

自然是达·芬奇在 1503 年完成的不朽杰作《蒙娜丽莎》。《蒙娜丽莎》被放置在卢浮宫二楼中间的一个大厅内，外面用防弹玻璃罩着，玻璃罩周围射出的柔和灯光，足以使观众看清画面的各个细节。

雕像馆成立于 1817 年，共有展厅 27 个，展品 1 000 多件，多为宗教题材的作品，部分为表现动物和人体的作品。在这里可以看到着色鎏金的木刻《基督受难头像》《圣母子与天使》，意大利的雕塑《圣母与孩童》，17 世纪的《童年时期的路易十四》，18 世纪的名人像《伏尔泰》，19 世纪的群塑《舞蹈》，等等。

凡尔赛宫

凡尔赛宫是法国国王路易十四、路易十五、路易十六的王宫。经过数代建筑师、雕刻家、装饰家、园林建筑师的不断改进、润色，三个多世纪以来，其一直是欧洲王室官邸的典范。

1624年路易十三在凡尔赛树林中所造的狩猎行宫。1661年，由路易十四改造成一座豪华的王宫。该宫于1689年全部竣工，至今已有300多年的历史。

广义的凡尔赛宫分为宫殿和园

■简介

气势磅礴的凡尔赛宫位于法国首都巴黎西南部18千米的凡尔赛镇，是一座雍容华贵、富丽堂皇的古典主义皇家建筑群，是人类艺术宝库中一颗璀璨的明珠。按法国人的说法，没有参观过凡尔赛宫，就不算真正到过法国，可见凡尔赛宫在法国人心目中的崇高地位。

凡尔赛宫原是一个小村落，是

●来到凡尔赛宫的人，都会被它气宇轩昂的外观所震撼

女神铜像。一条长 1 650 米的运河引来塞纳河水，600 多个喷头同时喷水，形成遮天盖地的水雾，在阳光下折射出壮美的七色彩虹。

●《凡尔赛宫》（现藏于凡尔赛美术馆）

■凡尔赛宫殿

走进宫殿内，可见大殿、小厅超过 500 间，里面陈设着世界各国的艺术珍品。最为著名的是位于中部的镜厅，也称"镜廊"，其是凡尔赛宫最辉煌的部分。它呈长方

林两部分，宫殿指主体建筑凡尔赛宫，园林分为花园、小林园和大林园三部分。恢宏的宫苑以东西为轴，南北对称，中轴线两侧分布着大小建筑、树林、草坪、花坛和雕塑。宫殿顶部摒弃了法国传统的尖顶建筑风格，采用的是平顶形式，显得端庄而雄浑。中轴线上建有雕像、喷泉、草坪、花坛等。宫前广场有两个巨型喷水池，沿池伫立着 100 尊

● 由 400 多块镜片装饰的镜厅，看起来金碧辉煌。在这华美的宫殿里，国王经常举行宴会

形，长 76 米，宽 10 米，400 多块镜片分别装在 17 扇落地窗和四周的墙壁上。拱形天花板上绘着描述

中世纪人们生活场面的巨幅油画（多表现路易十四1661—1678年执政期间在战争、外交、经济和行政改革等方面的重大功绩）。这些颂扬国王的艺术增添了皇位上的光环，这是路易十四刻意追求的。站在厅堂中央，人们可在各角度的巨镜中看到自己一连串由大到小的影子。当年皇室贵族尽情欢乐、豪华奢靡的生活由此可见一斑。镜厅建在国王房间和王后房间之间的阳台上，是王室专用的通往教堂的过道。镜厅主要用来庆祝节日、举办婚礼、接见特殊使团等。玻璃窗门一面开向花园，白天阳光普照，厅内明亮，花坛、水池、草坪、树林等美好景致倒映在镜内，幽雅壮观；当夜幕降临时，烛光摇曳，经镜面反射，整个大厅成为金色的海洋。另外，镜厅内还有8尊罗马皇帝的雕像。

● 凡尔赛宫花园

●凡尔赛宫前的青铜雕像采用卧姿,与平展的水池和谐相依。

■宫殿园林

凡尔赛宫的园林在宫殿两侧。园内的花园由人工大运河、湖泊,以及大、小特里亚农宫组成,是法式园林的经典之作。园中古树参天,绿色的草坪和平静的湖水及各式花坛错落有致,布局和谐。千姿百态的大小雕像或静立在林荫道边,或"沐浴"于喷水池中。青青的小松树被剪成圆锥形,布局匀称,有条不紊。

凡尔赛园林占地 100 万平方米,最显著的特色是喷泉瀑布。花园中所有的道路都是严格的几何形,并且分级对称,有统一的主轴和次轴。从建筑者的意图看,这种严谨、理性的园林既是一种园林艺术的新创意,使自然状态的植物更具审美情趣;又是一种体现国王权力的园林设计,具有中规中矩的政治含义。

●凡尔赛宫内景

具古典主义风格的园林艺术杰作。

每年盛夏，人们都要在这里庆祝凡尔赛节。人们古装打扮，骑马佩剑，在水池边演出古典戏剧，再现昔日宫廷的种种生活场面。成千上万的人前来参加节日庆典，庆祝活动往往通宵达旦地进行。

■ **建筑特色**

凡尔赛宫的外立面，可见其横向的古典主义三段式划分，凡尔赛宫的宫殿为古典主义风格建筑，建筑左右对称，造型轮廓整齐、庄重雄伟，被认为是理性美的代表。

凡尔塞花园被认为是法国最美的花园。它以绿毯大道为中心大道，连接着喷泉、水池、跑马道、花坛、河流、假山、亭台楼阁与雕像，使凡尔赛宫的园林成为欧洲最

凡尔赛宫的建筑风格曾引起奥地利、俄国等国君主的效仿。玛丽亚·特利莎在维也纳修建的美泉宫，

弗里德里希二世在波茨坦修建的无忧宫，彼得一世在圣彼得堡郊外修建的彼得大帝夏宫，以及巴伐利亚国王路德维希二世修建的海伦基姆湖宫都仿照了凡尔赛宫的宫殿和花园。

但是，凡尔赛宫过度追求奢华与宏大，居住功能却不完备，宫中没有一处厕所或盥洗设备。路易十五极端厌恶寝宫，认为它虽然宽敞、豪华，却不保暖。

■历史的见证

凡尔赛宫见证了欧洲的近代史，许多重大历史事件都与凡尔赛宫有关。1783 年，英、美在此签订承认美国独立的条约。1815 年，法兰西共和国在此宣告成立。1870 年，普鲁士军队占领凡尔赛宫，第二年德皇在此举行加冕典礼。也是在 1871 年，梯也尔政府盘踞在凡尔赛宫，策划了镇压巴黎公社的血腥计划。1871—1878 年，法国国民议会在凡尔赛宫设立。1875 年，在凡尔赛宫宣告成立法兰西共和国。1919 年 6 月 28 日，法国及英国等国同德国签订了《凡尔赛和约》，第一次世界大战宣告结束。

埃菲尔铁塔

即使没有到过法国巴黎，人们也能从图片、年历上看到塞纳河畔那高耸入云的埃菲尔铁塔。埃菲尔铁塔在世界各国人眼中几乎成了巴黎的标志。

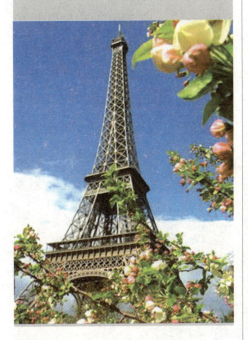

■简介

埃菲尔铁塔位于巴黎市中心的西区，临塞纳河的左岸，是一座在法国巴黎马尔斯广场上的镂空结构铁塔，高324米。埃菲尔铁塔是为庆祝法国大革命一百周年和迎接巴黎世界博览会而修建的。1887年1月26日动工，1889年3月31日建成，距今已有100多年的历史。埃菲尔铁塔得名于它的设计者桥梁工程师居斯塔夫·埃菲尔。铁塔设计离奇独特，是世界建筑史上的罕见杰作，因而成为法国和巴黎的一个重要景点和突出标志。

埃菲尔铁塔共分三层，除了四个脚是用钢筋水泥打造的，其他部件都由钢铁构成。从塔座到塔顶共有1 711级阶梯，分别在离地面57米、115米和276米处建有平台。

● 巴黎埃菲尔铁塔下的居斯塔夫·埃菲尔先生的塑像

1889年5月15日，为给世界博览会开幕式剪彩，铁塔的设计师居斯塔夫·埃菲尔亲手将法国国旗升上

●埃菲尔铁塔塔身近景

铁塔。由此，人们为了纪念他对法国和巴黎的这一贡献，特别在塔下为他立了一座铜质塑像。

■ 钢铁杰作

埃菲尔铁塔采用交错式结构，高320米，由四条与地面成54°角的、粗大的、带有混凝土水泥台基的铁柱支撑着高耸入云的塔身，内设四部水力升降机（现为电梯）。它使用了1 500多根巨型预制梁架，250万颗铆钉，金属框架总重7000多吨，由250个工人花了17个月建成，共花去740万金法郎。另外，每隔7年会对塔身刷漆一次，每次用漆约52吨。这一钢铁杰作显示了资本主义社会初期工业生产的强大威力，同时也显示出法国人的浪漫情趣、艺术品位、创新魄力和幽默感。

埃菲尔铁塔设有上、中、下三个望台，可同时容纳上万人，三个望台各有不同的视野，带来不同的情趣。

最高层望台离地面276米，这里最宜远望，全巴黎尽在眼下，白天视野清晰时，极目可望60千米开外。

●图为登上埃菲尔铁塔的顶层，俯看到的整个巴黎的景致。图上的那条河就是流经巴黎的塞纳河

●居斯塔夫·埃菲尔

中层望台离地面 115 米。有人说，从这一层向外瞭望可看到最佳景色。淡黄色的凯旋门城楼、绿荫中的卢浮宫、白色的圣心教堂都清晰可见，色彩斑斓。傍晚登塔，则见夜色如画，繁灯似锦。

最下层望台面积最大，相当宽敞，从这里观赏近景最为理想。北面的夏洛宫及其水花飞溅的喷水池、塔脚下静静流过的塞纳河水、南面战神校场的大草坪和法兰西军校的古老建筑，构成了一幅令人难忘的风景画。

■居斯塔夫·埃菲尔

居斯塔夫·埃菲尔 1832 年出生于法国东部的第戎城，1923 年 12 月 27 日逝世于巴黎。他的父亲是军队的文职人员，母亲是一位家庭妇女。埃菲尔从小就养成了善于独立思考、喜欢大胆设想、处处勤学好问的好品格，这为他日后成为一个出类拔萃的工程师奠定了基础。

埃菲尔 12 岁时进入当地一所皇家中学学习。刚开始他的成绩并不

●参观者仰视铁塔，顿觉自己的渺小

●夜色中的埃菲尔铁塔多了几分妩媚

●埃菲尔铁塔下的开阔视野

好，中学毕业也没能考上著名的巴黎理工大学。但他并未灰心，努力补习功课，就在他20岁那年，终于以优异的成绩考上了培养工程师的技艺学校。在那里，他租下一间单身宿舍，经常挤在桌子和火炉中间通宵达旦地埋头读书。不久，他便以优异的成绩获得了工程师的毕业文凭。

技艺学校毕业后，埃菲尔经朋友介绍进入西部铁路局研究室，担任建筑工程师。从此踏上了建筑设计的道路。

1856年，他拿到了第一个重要的工程委托——建造法国波尔多的加龙河铁道桥，任务是将长达500米的钢铁构件，架设在加龙河中的6个桥墩上，他使用高压空气来驱动桥墩的技术是当时法国工程界的一大创举。这项巨大工程的完成，使埃菲尔在整个建筑工程界的名声大振。

值得一提的是，他还建造了美国纽约自由女神像的框架（纽

●埃菲尔铁塔底部是四个半圆形拱，一尊逼真的雕塑为铁塔增添了不少活泼的气息

约自由女神像的内框结构即是埃菲尔铁塔的形状，外观为铜质雕塑）。

埃菲尔肯钻研、敢革新，他为设计铁塔付出了巨大的努力，仅设计图纸就有 5 000 多张。这些宝贵的资料，至今仍被人们妥善地保存在巴黎。

■从非议到赞美

埃菲尔自设计铁塔开始，面对的不仅是创新的技术难题，还有就此引发的一场社会争议。虽然铁塔的设计者埃菲尔宣称"法兰西将是全世界唯一将国旗悬挂在三百米高空中的国家"，但一时无法说服各阶层的"反铁塔"人士。

巴黎杰出的哥特建筑学派专家认为，从数学角度考虑，建造铁塔是不可能的，他们甚至计算出铁塔建造到 228 米时就会发生倒塌，以至一部分在铁塔周围居住的居民不久便会搬离这个区域。

不少贵族和文艺界的显赫人物，联名写信反对修建埃菲尔铁塔。有些报纸也推波助澜，群起鼓噪，说铁塔破坏了巴黎的美丽，损害了它的盛名，等，在信上签名的有音乐家古诺及小说家莫泊桑、小仲马等。

即使在铁塔落成之后，批评的声浪也并未停息。有人甚至向政府请愿，希望把它拆除；还有人在路过铁塔时立刻另择路径，以避免看见它的"丑陋"形象。一时间，由埃菲尔铁塔引发的风波席卷了整个巴黎城。

由于埃菲尔铁塔在第一次世界大战中在无线电联络方面做出了重大贡献（据说破译了不少敌人的密码），这才使反对它的呼声逐渐平息。从此，埃菲尔铁塔在巴黎城内有了一个正式的地位，它逐渐被喜爱、被接受，最名正言顺地走上了画家的画布，还悄然走进了诗人的诗章中。

第二章 美洲

　　美洲的文明主要分为南北两个部分,北部的发展中心在今天的墨西哥、危地马拉附近的中美洲地区,南部的文明中心在秘鲁附近的安第斯山区。在整个人类古代文明的体系中,美洲文明是一种极为独特的类型,其突出表现为一种在与亚欧大陆人类文明主体相隔绝的状态下自然产生和发展起来的文明。同时,美洲辽阔的地域与多样的地理环境也使得美洲文明隔绝、闭塞的特征极为明显。美洲文明在其缓慢的发展过程中,呈现出极大的差异性、复杂性和多样性,使各个地区的文明发展极不平衡。当大多数地区尚停留在以渔猎、采集经济为主的原始社会阶段时,也有少数地区进入了以发达的农耕经济为主的、相当强盛的奴隶制时期。此外,与亚欧大陆的古代农耕文明都发源于大河流域不同,美洲的古代农耕文明皆起源于高原地带。

马丘比丘遗址

秘鲁的马丘比丘遗址,是古代一项伟大的工程,也是南美洲考古学上的重要发现。它失落了几百年,直到20世纪初才被一名考古学家无意中发现。这个巧夺天工的杰作,展现了人类与大自然和谐共存的艺术造诣。来到秘鲁,若是不去看看马丘比丘遗址,就好比到了埃及没看金字塔一样。

●秘鲁境内的安第斯山脉上清晰可见的马丘比丘小道

丘被包围在崇山峻岭之中,且被覆盖于浓密的丛林下达数百年之久,直至1911年才被发现。"马丘比丘"在印加语中意为"古老的山巅",当时是一座极为繁荣兴盛的城

■简介

马丘比丘是印加人圣谷的终点,位于秘鲁境内库斯科西北130千米的安第斯山脉中,是沉睡了几百年的印加古城,是人与环境和谐共存艺术的极致表现。公元15世纪,马丘比丘圣城被建造在能俯视汹涌的乌鲁班巴河的狭窄山脊上。马丘比

●马丘比丘古城遗址全景

● 云雾缭绕的马丘比丘圣地

市。印加人在此发展农业，虽然这里地形险峻，但却有完善的灌溉系统。除了农业区，城市还划分为上城区和下城区。近代考古学家还发现，马丘比丘的建筑似乎记录着太阳、月亮一年中的运行规律。然而，这个古老的王国至今仍披着神秘的面纱。每年考古学家都会有新的发现，但这些发现往往是解答了一些疑问，又带来更多的疑问。

■马丘比丘的发现

　　公元 11 世纪，南美腹地的印加

人以库斯科为首都，建立了显赫一时的有"黄金帝国"之称的印加帝国。印加人自称是太阳神的子孙。在西班牙人到来之前，这里有一座座用黄金做外壳的神庙，还有数不清的金银财宝。16 世纪，西班牙入侵者向印加帝国发动突然袭击，处死了印加皇帝阿塔瓦尔帕，掠夺了印加人的黄金和财宝。仅仅一年时间，印加帝国轰然倒塌。相传顽强抵抗的印加人相继逃入安第斯山脉的幽深山谷中，还将数千吨黄金埋藏在安第斯山脉的一个不为人知的地方，并建立了另一个宏伟的城堡，作为他们最后的避难所。但是，最

● 马丘比丘的发现者——宾海姆

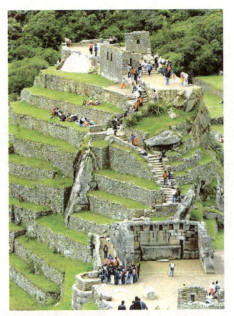

●雄踞于 2450 米的悬崖峭壁，遮掩于云雾之中的马丘比丘城，里面的建筑全是由花岗岩砌成的

说中的城市。1911 年 1 月，美国耶鲁大学研究拉美史的年轻学者宾海姆率领一支探险队离开了秘鲁境内的库斯科城。他的目的是要找到名叫"维尔加班巴"的印加人的古老城市。宾海姆从历史书籍中得知，维尔加班巴于 1512 年落入西班牙人手中，但是该城的实际遗址却一直未能找到，宾海姆决心要找到它。宾海姆和他的探险队用几匹骡子载着行李，沿着乌鲁班巴河向西南方向出发，他们 5 天大约才走了 100 千米。到了 7 月份，眼看这次探险

后随着这些避入深山密林的印加人的消失，这个避难所的全部秘密也被带进了坟墓。印加人最后的居留地究竟在哪里？传说中的古城和黄金藏在哪儿？这成了许多人关注的重大谜团。西班牙的探险者在库斯科附近的丛林和高山中到处搜索，又沿着印加帝国的道路网反复寻觅，但终究一无所获。在经历了无数次失败之后，他们终于放弃了寻找。300 多年过去了，传说在时间的消磨中褪色，人们逐渐忘记了这个传

●上城区掠影

又将以失败而告终，宾海姆在无奈之下走上了另一条山路。在一位旅店老板的陪同下，宾海姆爬上了传说中的太阳之河——乌鲁班巴河对岸的山腰，在那里他们遇到了两个印第安人。印第安人告诉他们，转过山去就有一座古城。经历太多的失败使宾海姆已不抱太大的奢望，经过一番艰难的攀登，宾海姆和他的同伴来到一面石头墙下，只见墙体都被藤蔓植物和青苔覆盖着，接着，他们又看到了一些掩映在苍翠的草木中间用白色花岗岩建造的建筑物。宾海姆惊诧不已，他简直不敢相信自己的眼睛：呈现在他们面前的是一个早已荒芜、空无一人但

极为壮观的古城。古城全部用巨大的花岗岩砌成，坐落在2 450米高的悬崖之上，紧傍顶峰，气势磅礴。难怪后来他这样写道："到处都是造型优美的石阶台面，有100多处。我发现自己面对的是印加最好的石工所造的建筑，几个世纪以来，尽管这宏伟的建筑被苔藓和树木掩盖，但是藤条和树林背后那片阴暗的隐蔽地带上，全都是由巨大的白色花岗岩建造的墙壁，全都经过仔细打

● 下城区的石头小屋

● 属于平民的神鹰庙

●墓葬区守望者之屋附近的神庙广场

磨，精巧地砌在一起。"这就是后来举世闻名的神秘古城——马丘比丘。

■上城区

上城区就是城市区，位于遗址的西侧，以祭坛、神庙和贵族宅邸为主。城市区的东部分为妇人区和服务区。位于妇人区的三门厅，是整座遗址中最大的建筑群之一，内含 16 个小区；服务区的主要建筑为磨房，是印加人为了加工粮食而建的，此外还有相配套的仓库及房舍。

城市区的西部分为宗教区和男子区。这里最引人注目的是印加王宫和大

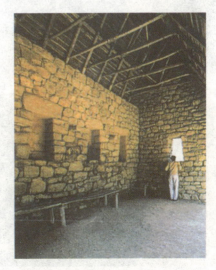

●马丘比丘农业区的守田者之屋

塔楼，这两处建筑的石墙非常精美，能与库斯科的太阳神庙相媲美。

■下城区

马丘比丘的下城区是普通居民区和储物仓库区，所以又有"平民区"之称。这里的石造建筑材料和上城区相比要粗糙得多，建筑也不如上城区的宏伟高大。下城区的尽头有一座研钵屋，这座石屋的地面上有两个类似研钵的圆坑。有专家认为，这里曾是印加人用来研磨食物的加工厂。但是，在后来的考证中发现，印加人所用的研钵形状和这两个圆坑很不同。因此人们普遍认为，这两个圆坑在储水之后，是印加人用来观测日月星辰的"天文仪器"，研钵屋应该是设在下城区中的天文观测站。另外，下城区民居的石墙上还有突出的石环和石鼻，是用来固定屋顶的茅草和木梁的。同时，这里还有许多尚未完工的建筑，而散落一地的石材则是过去印加人仓皇出走的见证。

■神鹰庙

神鹰庙是下城区唯一的神庙，也是唯一属于平民的神庙，其地面上有类似鹰头的石刻，神庙后面的巨石形如神鹰展开的两翼，栩栩如生，有如自然之作。曾有人发现，在神鹰庙背后的"羽翼"里有造型独特的石龛，石龛中

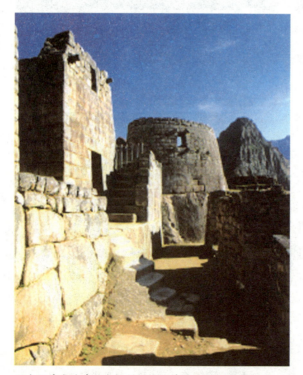
● 太阳神庙的建筑由切割得极为精细的大理石而成

安置着木乃伊。

■农业区

马丘比丘的农业区位于遗址南边，占了该城土地总面积的一半，这里除了有规整的梯田，还建有守望者之屋和守田者之屋。马丘比丘是一座自给自足的城市，因为这里的农用土地面积相当大。不过也有人认为，马丘比丘居民所吃的粮食应该是由其他城市供应的，这里只是用来种植草药或进行农业研究的地方。

■墓葬区

在马丘比丘发掘出的墓葬有100多处，共出土遗骨173具。这些墓葬的陪葬品有铜镜、手柄呈飞鸟形的刀、饮酒用的碗、别针、铜质的镊子和装饰性的刀具等。马丘比丘的墓葬区主要集中在守望者之屋附近及周围的山坡上。在墓葬区发现的墓葬石是经过人工凿刻的大花岗岩，在其附近曾发现很多古印加人的遗骨和木乃伊，因此专家推测墓葬石可能是用来进行活人血祭的祭坛，或是用于晒干尸体、制作木乃伊的晒台。墓葬石上还凿有石阶。

在"捆日石"前，人们经常俯伏叩拜，以求拴住太阳

■太阳神庙

马丘比丘有着众多的神庙。近年来，考古天文学历史的专家研究发现，每年夏至时分，太阳光正好由太阳神庙东窗射入，十分准确地投影在庙中用来测量太阳升起点的"捆日石"上。因此，专家推测这里不但是用于朝拜太阳的场所，同时也是一个天文观测站。

■印加古道

印加古道是连接秘鲁、厄瓜多尔、玻利维亚全境，以及智利和阿根廷部分地区的交通网，全长3万多千米。学者认为，古道不仅是运输线，更是人们从库斯科前往马丘比丘的朝圣之路。因为沿途发现了古代修筑的驿站和祭典中心，所以可以确定古道在印加帝国的宗教祭典史上的重要地位。另外，印加古道一路上满布着印地安人的村庄与被遗弃的古代印加城镇，这些被弃置的城镇在印加帝国时期是为了保护这条古道路线的安全而设置的。

●印加古道上具有印加特色的绳桥

■印加建筑

　　印加建筑的特点是简洁、对称、坚固。整座遗址的建筑全部用大块花岗岩砌成，所有石块均凿成方形，有些经过打磨，部分则未经打磨，石块与石块之间结合紧密，且未用任何黏合材料，全是石匠们使用简单工具拼接垒筑而成的。几个世纪以来，这里发生过多次地震和山洪，而雄伟的马丘比丘遗址却安然无恙，丝毫未损，古代印加人高超的建筑艺术实在令人赞叹！另外，整座遗址的建筑着重实用性，外观上并无过多装饰。由于以太阳为主要信仰，所以整座遗址上并未发现任何神像雕刻。

纳斯卡巨画

在秘鲁南部有一片荒凉的平原——纳斯卡平原。在这片辽阔的平原上，有一处令人难以理解的奇迹。在方圆50平方千米的范围内，用卵石砌成的线条纵横其间，勾画出巨大的鸟兽和各种准确的几何图形，从高空中看就好像是用巨人的手指画出来的一样。

●这幅巨画属于纳斯卡沙漠地画中最常见的几何图形，据推测这个形状可能象征与水源相连。

■简介

纳斯卡巨画于1939年在秘鲁首都利马南300多千米处被发现，是散布在250平方千米干燥沙质地表上的众多深几十厘米、长几百米到几千米不等的巨大线条。线条以直线和箭头为主，也有其他几何图型和动物图案。因尺寸巨大，需乘飞机在空中才能看到全貌。根据对纳斯卡地层中留存的灰烬的测定，科学家认为纳斯卡巨画大约创作于1500年前，上限尚无法推知。另外，人们对线条的制作者和制作目的有许多猜测，主要推测认为：这是创造过纳斯卡文化的古印第安人的作品，是印第安人的灌溉系统，或是古代人奇特的天文日历，或是道路，或是与印第安人的宗教祭祀活动有关，甚至有人认为可能是外星人留下的飞船着陆标志。但从公元前3世纪到公元5世纪出土的纳斯卡陶

●各种形状和图案的纳斯卡地面画

器上的图形来看，纳斯卡文化同巨型图画之间有着密切的关系。基本上可以肯定，线条出自创造纳斯卡文化的古人之手。联合国科教文组织于 1994 年 12 月 14 日将这一遗迹作为人类文化遗产予以保护。

■巨画的发现

20 世纪 30 年代，自利马飞往秘鲁的南方城市阿雷基帕的航线开辟不久，一位飞行员来到利马的民族学博物馆，声称在纳斯卡谷地上发现了印第安人的运河。馆长听到这个消息后十分怀疑：纳斯卡是秘鲁伊卡省的一座古城，西临太平洋，东傍安第斯山脉。在纳斯卡附近，有一块平

●纳斯卡巨画中的鸟类图案

● 纳斯卡巨画中的猴子图案

坦而荒凉的谷地，称为纳斯卡谷地。纳斯卡是地球上最干燥的地区之一，水源缺乏，运河之水又从何而来呢？为了证实自己所说的话，飞行员拿出了一张地图，在图上用铅笔勾画出他所看到的线条，线条十分奇特和别致。遗憾的是，馆长在飞行员离去后，立即将地图放进了古文书保管所，再没过问。若干年后，这张地图辗转到了美国历史学家鲍尔·科逊克手中，这引起了他极大的兴趣。1940年，科逊克率领一些人来到纳斯卡谷地。一天，科逊克等人手拿指南针，一面沿着一条弯曲的沟行走，一面在地图上记下沟的方位和形状。为了准确无误，每个人都分别画在自己的地图上。一段时间过后，沟的形状和方位图完成了。奇怪的是，这竟然是一幅喙部突出的巨鹰图。喙长100米，翼长90米，鹰尾长40米，而且巨鹰的喙与一条长达1700米的笔直的沟相接。纳斯卡巨画就此向考古学家展现了它的迷宫一角。

■巨画的图案形式

到了20世纪60年代，巨画的图案已基本显现出来。这些图案有

纳斯卡巨画中的蜘蛛图案

四种形式：第一种是直线，一般是由南向北，纵贯谷地，误差不超过1度；第二种是人形图案，形状庞大，姿态奇异；第三种是几何状图案，有三角形、螺线形、矢形、圆形，还有类似箭头的图案，指向一定的方向；第四种是动物、昆虫图案，这种图案数量最多。在纳斯卡荒原上有18个鸟图，这些鸟图的尺寸非常巨大，一般长三十至四十码，翼展长一百四十码，在纳斯卡出土的部分陶器上，也发现有类似的鸟。在千奇百怪的纳斯卡巨画中，还有一幅著名的蜘蛛图。这只五十码长的蜘蛛，以一条单线砌成，是纳斯卡最动人的动物寓意图形之一。这幅图可能是某个特权阶层的图腾，图形中的蜘蛛可能与预卜未来的仪式有关，也可能是纳斯卡人崇拜的星座之一。另外，在纳斯卡巨画中还有卷尾猴、蜥蜴及一些尚不能分辨的图案。

● 神秘的纳斯卡平原

■ 推测

　　构成纳斯卡巨画线条的大多是深褐色表土下显露出来的一层浅色卵石。据专家计算，每砌成一条线条，就需要搬运几吨重的小石头，而图案线条中那精确无误的位置又决定了制作者必须依照精心计算好的设计图进行建造。而当时的纳斯卡居民尚处于原始社会，那么这些巨画是怎样制作出来的？有专家认为，古代居民可以先用设计图制作模型，然后把模型分成若干部分，最后按比例把各部分复制在地面上。而另一些专家则认为，这些巨画是按照空中的投影在地面上制作的。这种解释虽能解决设计和计算方面的困难，但却引出了更多的疑惑，因为古代纳斯卡人不可能掌握飞行技术，那么是谁在空中进行投影呢？

　　根据美国航天飞机拍下的图片，只有从三百米以上的高空中才能看清这些巨画的全貌。因此，还有一种观点认为，巨画只能是为从空中向下观看它的人绘制的，可是在遥远的古代，有谁能从高空或太空中观看这些巨画呢？

■纳斯卡平原

纳斯卡平原荒凉贫瘠，这里每年最多只下半小时雨，有人估计，这里可能几万年都没有下过大雨，才使那些神秘的图形能历时上千年而依然完整无损。美国航空航天总署也为这里的恶劣的生态环境而感到震惊，认为它与火星上的环境有些类似，曾派专人到这个地区开展研究工作。

与纳斯卡平原荒凉、干涸的地理环境相适应的是，这里的土著居民社会发展程度十分低下，有些领域至今还停留在石器时代。反观巨画所表现出来的精巧的设计、精确的测量和缜密的计算能力，以及对几何图形的认识程度，无论如何都令人难以将二者联系在一起。无法想象，这些至今对巨画仍毫不理解的土著居民，竟早在上千年前就创造了这些神秘的作品，他们是在炫耀自己的才干？还是在呼唤某种生灵的再次光临？

至今没有人可以给这些巨画做一个圆满的解释，神秘依旧笼罩着这片亘古的荒原。

复活节岛雕像

拉帕努伊是当地人对复活节岛的称呼，证明了一种独特的文化现象。波利尼西亚人约在公元 300 年就在那里建立了一个社会，他们不受外部影响，创建了富有想像力的、独特的巨型雕像和建筑。10—16 世纪，复活节岛上竖立起一些巨大的石像，它们至今仍是一道无与伦比的文化风景，使整个世界为之着迷。

■复活节岛的由来

复活节岛是地球上最孤独的一个岛屿。这个三角形的小岛位于东太平洋，它离太平洋上的其他岛屿相当遥远，离它最近的有人居住的岛屿是皮特凯恩岛，也远在西边 2 000 千米处。直到 1722 年 4 月 5 日，该岛的原始居民才与外界有了接触。也是在 1722 年，由荷兰航海家雅可布·洛加文率领的一支由 114 人组成的太平洋探险队登上该岛。洛加文发现该岛的时候，在海图上用墨笔记下了一个点，在旁边写上"复活节岛"，因为这一天正好是基督教的复活节。从此该岛就被

●景色怡人的复活节岛

●复活节岛上的这些巨像都是长脸、长耳、没有腿。狂风暴雨的无情摧蚀使它们身上有了一种深深的沧桑感

叫作"复活节岛"。但是现在的人类学界一般将它叫作拉帕努伊岛，这是 19 世纪中叶波利尼西亚人对它的称呼，岛上的原始居民被称作拉帕努伊人，他们讲的方言被称作拉帕努伊语。

■复活节岛简介

　　复活节岛位于东太平洋，东距智利西岸 3 700 多千米，西距皮特凯恩岛 2 000 千米，是地球上最孤独的一个岛屿。它长 23 千米，最宽处为 17.7 千米，面积 118 平方千米，最

高点海拔 600 米。岛由三座死火山的熔岩流和凝灰岩构成，呈三角形。土壤贫瘠，较好的耕地局限于岛西南部的平原和岛东端一隅。复活节岛没有河流，土地干旱，只能依靠火山口湖和池塘等蓄积雨水。岛上的气候属亚热带类型，年平均气温约 22℃，1 月平均气温 25℃，5 月平均气温 20℃。年平均降雨量约 1 000 毫米，5 ~ 7 月多雨。

●海边树荫下的复活节岛雕像

1722 年，该岛被命名为复活节岛。1888 年该岛并入智利版图，开始在岛上设总督。目前岛上有居民近 5000 人，已建有民用机场、宾馆、医院和学校。岛上的土著居民基本属于波利尼西亚族群，但在语言和体形上有所不同，目前岛上通行西班牙语。复活节岛人能歌善舞、热情好客，每迎来宾都献上串串花环，他们的民间舞蹈同夏威夷的草裙舞相似，是岛上旅游活动的保留节目。

踏上复活节岛，便会感受到一种奇异而神秘的气氛。岛屿四周散布着数量众多的巨大的半身人像，当地人称为"摩艾"。据复活节岛

● 好似戴着"石帽子"的复活节岛雕像

上一名土生土长的考古学家考证，"摩艾"像已存在了 1000 多年。

目前，关于岛上石像的起源、建造者及其象征意义等还存在很大争议。一些考古学家、历史学家和人类学家都曾登岛考察，企图弄个水落石出，虽提出种种解释，但也只是供人参考的猜测，这更增添了复活节岛的神秘色彩。

● 远望矗立在海边的复活节岛雕像

■细说雕像

复活节岛以其特有的石雕像闻名于世。600 余个巨大的石像分布在该岛的沿海地带。雕像以坚固的火山凝灰岩为材料，多半成组地矗立在石砌

● 一脸严肃的复活节岛雕像

平台上，面朝大海，每组的数目不等。岛上共有 300 多个石砌平台，平台由碎石组成，高出地面 3.6 米，中央朝向内陆的一面有石头铺成的斜坡，其中最大的石砌平台上并列着 15 座雕像。石像分两个建造时期：前期约开始于公元 700 年，石像制作较粗糙，均为中、小型，大可等身，尚未定型，面朝大海；后期在公元 1000—1700 年，以无腿、长耳型的巨大石像为主。造型源自建造前期，但个体增大，石像头部又长又大，正面呈长方形，下颌突出，鼻子略凹，两臂曲放在腹部，头顶平坦，上面安放一只当地人称之为"普卡"的圆柱形头冠，头冠的材料为红色凝灰岩。石像一般高 3～6 米，头冠重 2～10 吨；有的高达 11.5 米，重 82 吨，头冠重 11 吨。不少石像的背部刻有记号。石像的神态既神秘又庄严，它们代表了复活节岛独有的文化特征。

■待解之谜

这些石像是谁雕刻的呢？一些专家认为这些石像是岛上的人雕刻的，这些石像的原型是岛上土著人崇拜的神或是已死去的各个酋长、被岛民神化了的祖先，同意这种说法的人比较多。但是有一部分专家却认为，石像的薄嘴唇和高鼻梁，是白种人的典型长相，而岛上的居民是波利尼西亚人，他们的长相没

有这种特征。但耳朵长这一点，是任何人种都不具备的特征。雕塑是一种艺术，总会蕴含着一个民族的特征，而这些石像的造型，并无波利尼西亚人的特征。那么，它们就不是现在岛上居民波利尼西亚人的祖先，这些雕像也就不可能是他们制作的。此外，人们从另一个角度细细地分析，岛上的人很难用那时的原始石器工具，来完成这么浩大的雕刻工程。有人测算过，在2 000年前，这个岛上可提供的食物，最多只能养活2 000人，在生产力非常低的石器时代，他们必须每天勤奋地去寻觅食物，才能勉强养活自己，又哪里有时间去做这些雕刻呢？况且，这种石雕像艺术性很高，专家们都对这些"巧夺天工的技艺"赞叹不已。即使是现代人，也不是每个人都能干得了的，谁又能相信，石器时代的波利尼西亚人，个个都是擅于雕刻的艺术家呢？

山上还有几百个未完工的石像，先人没有把它们雕刻完毕便弃放在那里，这是为什么？专家分析后说，这可能是因为在雕凿中遇到了坚硬

●采石场未完工的石像

的岩石，无法继续雕凿下去而放弃的。同时，这些未刻完的石像，可能不是遇到什么灾变性事件突然停下的，而是在雕制过程中逐步被放弃的。其中一个最大的石像，高20多米，是复活节岛石像中最大的一个，因未完工，现在仍躺在山顶的岩石上。可是考古学家并不完全同意这种看法。他们解释说，也可能雕刻石像的人花费了很大的劳力和时间，把石像雕成并竖立了起来，却又被地震震倒了，再竖起新雕的万像，又被倒了。

奇琴伊察古城

奇琴伊察古城是 10—15 世纪尤卡坦地区玛雅文明与托尔特克文明中最引人注目的遗址。它包括中美洲建筑中一些著名的例证，综合了玛雅人的建筑技艺和托尔特克人的雕刻装饰特色。

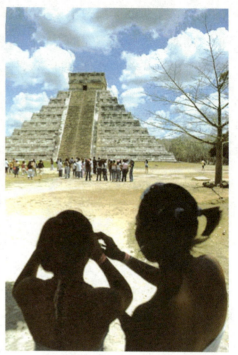

●奇琴伊察古城每年都会吸引大批游客前来游览

■简介

奇琴伊察古城遗址位于墨西哥尤卡坦半岛东北部的尤卡坦州首府梅里达以东 120 千米，全城占地面积约 25 平方千米。这座古城建于公元 435 年，11—13 世纪时，城市的发展达到顶峰。15 世纪时，奇琴伊察古城突然被废弃了，这个昔日玛雅人最大、最繁华的城市，从此被热带丛林吞没。是何原因使这座古城突然消失，至今仍是研究者的未解之谜。城内有玛雅文化中期和后期建筑物遗迹数百座。"奇琴"，玛雅语意为"水中之口"，因地表水多沿石灰岩孔隙渗漏到地下，只有在溶洞顶部岩层塌落的地方才能见到水，成为有水的天然井，故此得名。古建筑群集中在东西宽 2 千米、南北长 3 千米的地带，共有 676 座建筑物。城市建筑以天象确立方位，结构合理，布局严密，主要建筑多围绕方形天然水井或位于通向水源道路的两侧。城市分新、老两部分，南部老奇琴伊察具有玛雅文化特色，标志性建筑有库库尔坎金字塔、武士神庙、千柱林、圣井、巨型球场和天文观象台等。

■库库尔坎金字塔

　　"库库尔坎"在玛雅语中是"带羽毛的蛇神"的意思。玛雅人崇拜太阳神，认为带羽毛的蛇神是太阳神的化身。库库尔坎金字塔高 29 米，底大上小，四方对称，四边棱角分明。台基每边长 55.5 米，共 9 层。向上逐层缩小至梯形平台，上有高 6 米的方形神庙。庙内摆放着一尊红色美洲豹雕像，豹身镶有晶莹闪光的绿松石及其他颜色的玉石片。塔身四面有台阶通向塔顶，每面台阶各为 91 级，加上最高层一共 365 级。台阶数代表了玛雅太阳历一年的天数。金字塔底部雕有一个羽蛇神头像，而蛇身则隐藏在金字塔的阶梯断面内。在春分、秋分之日，夕阳西下之时，从某个特定角度望去，就会看到夕阳的余辉正好照射在蛇神的头像后，形成波浪形的长条，犹如蛇身不断向下逶迤游动。这就是奇琴伊察特有的"光影蛇形"的神秘景观。这一景观表明，当时的玛雅人已掌握了天文知识和精密的计算技术，但他们却把这一奇景看成是羽蛇神从天而降，赐予他们太平盛世的吉兆。

●库库尔坎金字塔

●武士神庙的入口

■武士神庙

库库尔坎金字塔东面是建立在四层基座上的气势恢宏的武士庙。庙的入口处有一个巨大的"恰克摩尔"雕像，雕像后面的墙上雕有羽蛇像。庙的门口有两根柱子，庙的后墙有几根圆柱，上面刻有魔鬼、武士和"巴卡勃"（代表东、西、南、北）神像。庙内有一张巨大的石桌，石桌的腿是石雕的武士，这张石桌是一座解剖活人祭品的祭台。活祭是玛雅人最残忍的祭祀活动，祭品包括奴隶、战俘和平民百姓。祭司把"祭品"放到平台上，主祭人员用石刀剖开活人的胸膛，并迅速取出心脏，放到神像"恰克摩尔"手中的圆盘上，再由神像"恰克摩尔"把它献给玛雅人的主神太阳神。

■千柱林

武士神庙南侧是千柱林。一排排的圆柱原本支撑着宽大的屋顶。当时，玛雅人用石柱支撑起一个木头楼宇，但他们并不知道这种建筑方式的弊端。随着时间的推移，木头腐烂殆尽，只留下孤零零的石柱。石柱上至今仍能看到无数士兵的威武形象，他们手执重型武器，身上挂满饰物。有资料表明，这里曾是奇琴伊察的商业中心，更是玛雅遗址留存下来的少数不以宗教为目的的大型建筑。

●两名游客在千柱林中穿行

已有不少作为供品的贵重玉石、金属被从井中打捞上来。被投入井后立即淹死的人绝大多数是孩子；而那些被扔入井中数小时后仍存活的人则被救起，并受到礼遇，他们被认为已与雨神交谈过了。许多从井内发现的物品证明，在相当长的一段时期内，这口井一直被视为神圣的地方。

■巨型球场

　　奇琴伊察的巨型球场可能是中美洲同类建筑中最好并且规模最大的。球场长166米，宽68米左右，四周有围墙。在这里进行的球类比赛中，队员们只允许用肘、膝盖和臀部接触橡胶球，千方百计地把球打入一个高8米的石圈中。这种比赛被看作神圣的宗教活动，参加人员必须经过严格挑选。在侧面墙上装饰的浮雕显示，

■圣井

　　圣井，也称祭井，由高于地面的一条274米长的石子路连接。这口深达23米的天然井为当地人提供着饮用水，并被作为朝圣之地。在干旱的年代，活人被扔入井内，以期感动雨神，缓解旱情。

●巨型球场遗址

比赛失败者往往被作为献祭品，祭拜神灵。

■天文观象台

天文观象台在库库尔坎金字塔的南面，是玛雅文化中唯一的圆形建筑。它建于一个方形台基的中央，高 22.5 米，内有旋梯连接各层，上层有设计精密的 8 个小窗口，通过这些窗口可以观察到春

●天文观象台遗址

分、秋分时落日的半圆。玛雅人十分重视天文观察，他们的天文学知识达到了很高的水平，玛雅人通过观察天象，不仅能够相当准确地预测出月食和日食，而且还能够测出金星的公转周期。

自由女神像

凡是到过美国纽约的人,都会被位于大西洋岸边的一尊巨大的青铜雕像吸引,那就是世界闻名的自由女神像。她是美利坚民族的象征,永远表示着美国人民争取民主、向往自由的崇高理想。

■简介

自由女神像全称为"自由女神铜像国家纪念碑",正式名称是"照耀世界的自由女神",是法国赠送给

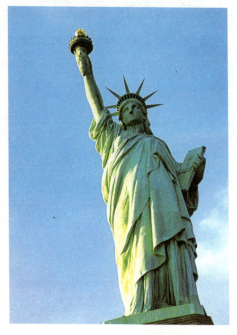

●硕大无朋的自由女神像在高处向到达纽约港的人们致意

美国的庆祝美国独立100周年的礼物。她位于美国纽约市哈德逊河口附近,是法国著名雕塑家巴托尔迪历时10年雕凿而成的。自由女神穿着古希腊风格的服装,头戴雕有象征世界七大洲的七道光芒的皇冠。女神右手高擎象征自由的12.8米长的火炬,左手捧着《独立宣言》,脚下是打碎的手铐、脚镣和锁链,象征着自由和挣脱暴政的约束。自由女神像于1886年10月28日落成并

揭幕。雕像内部的锻铁结构是由后来建造了巴黎埃菲尔铁塔的居斯塔夫·埃菲尔设计的。自由女神像高46米，加基座为93米，重225吨，为金属铸造，置于一座由混凝土建

● 巴托尔迪在塑造自由女神像的过程中，还受到过画家德拉克罗瓦的名画《自由引导人民》的影响

造的台基上。自由女神像的底座是由世界著名报人约瑟夫·普利策筹集10万美金建成的。现在的底座是一个美国移民史博物馆。1984年，自由女神像被列为世界文化遗产。

■ 自由女神像的来历

创作自由女神像的是19世纪后期一位才华横溢的雕塑家，他的名字叫弗雷德里克·奥古斯特·巴托尔

迪。1834年，巴托尔迪出生在法国的一个意大利人家庭。他从青年时代起就酷爱雕塑艺术，自由女神的形象很早就植根于他的心中了。1851年，路易·拿破仑·波拿巴发动政变推翻第二共和国后的一天，一群坚定的共和党人在街头筑起防御工事。暮色苍茫时，一个年轻姑娘手持熊熊燃烧的火炬跃过障碍物，高呼着"前进"的口号向敌人冲去，一声枪响后，姑娘倒在血泊中。巴托尔迪目睹这一事件后，久久不能平静。从此这位高擎火炬的勇敢姑

● 自由女神像手部特写

娘便成为他心中自由的象征。

1865 年，巴托尔迪在别人的建议下，决定塑造一座象征自由的塑像，由法国人民捐款，作为法国政府送给美国政府庆祝美国独立 100 周年的礼物。有趣的是，没过多久，巴托尔迪在一次婚礼上同一位名叫让娜的姑娘邂逅，让娜仪态万方、美丽端庄，巴托尔迪认为让她来为

● 自由女神像所在的小岛四周的景色美不胜收

"照亮全球的"自由女神像做模特是非常合适的，让娜欣然同意了这一请求。在雕塑过程中，他们之间产生了纯洁的爱情，后来结为夫妻。

1869 年，自由女神像的草图设计完成，巴托尔迪便开始全心全意

地投入雕塑工作。他曾去美国旅行，以争取美国人对塑像计划的支持，但美国人迟迟没有意识到这一礼物的珍贵。直到 1876 年巴托尔迪参加在费城举行的博览会时，为了引起公众的注意，便把自由女神执火炬的手在博览会上展出，引起了一场轰动。摆在人们面前的这只手仅食指就长达 2.44 米，直径 1 米多，指甲厚 25 厘米，火炬的边沿上可以站 12 个人。于是这件几天前还不为人知的雕塑顿时身价百倍，成为美国人渴望欣赏的艺术珍品。不久，美

● 自由女神像的底座是一个美国移民史博物馆

国国会便通过决议，正式批准总统提出的接受女神像的请求，同时确定自由岛为建立女神像的地点。

　　1884年7月6日，自由女神像被正式赠送给美国。同年8月5日，自由女神像底座奠基工程动工。1886年初，75名工人爬上高高的脚手架，用30万只铆钉把自由女神像的约100块零件钉到骨架上。同年10月中旬，自由女神像终于全部完工。1886年10月28日，美国总统亲自参加自由女神像的揭幕典礼并发表了讲话。无数群众簇拥在神像周围，怀着激动的心情翘首仰

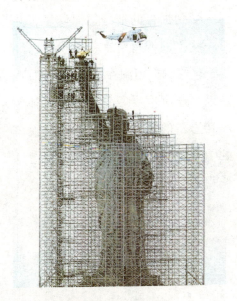

●整修时的自由女神像

望着自由女神像第一次露出她庄严的面容。

●每天都有的人登上自由女神像头顶参观游览

■移民

　　自由女神像基座内建有介绍美国移民的历史博物馆，该馆于1972年对外开放。馆内第一部分介绍了美国印第安人的先祖，从亚洲穿越海洋，来到这块未被勘探的大陆；接着介绍了现代的大规模移民情况，通过展示模型、摄影图片、服装及绘画，以翔实的材料，介绍了来到新大陆的每一个群体，包括作为奴隶用船贩来的西非人。爱玛·拉扎露丝从自由女神像汲取到灵感，创作

了著名诗篇《新巨人》，描述金门桥畔的女神高擎火炬欢迎被旧世界所抛弃的、挤作一团的平民到来时的情景。1892 年以来，前呼后拥的移民船只抵达自由岛旁的埃利斯岛，有德国人、意大利人、爱尔兰人、犹太人、斯拉夫人等。20 世纪初，平均每天新到达的移民总数为 2 000 人。1907 年为顶峰，埃利斯岛总共办理了 100 多万人的入境事宜。1954 年，移民站关闭。

■自由女神像的整修

一百多年过去了，自由女神像的头部正渐渐向右倾斜，右臂上也出现了漏洞，俨然失去了她青春的光彩。据法国专家分析，这既有自然环境的影响，又有人为因素的影响。头部倾斜是因为安装时偏离了重心。铜锈的产生则是因为埃菲尔在铜板里面衬了一层铁板，两者中间使用的绝缘体已经腐烂，铁锈便直接向外扩散。但对自由女神像最大的危害还是来自那些对她的肆意"改造"。在商业化的社会里，连自由女神像也未能幸免。为了吸引更多的游客，美国人在自由女神像内部的阶梯中间增加了供人休息的长凳，每天登上自由女神像头顶的人超过 2 500 人。因为内部没有通风设备，游人呼出的气体和汗水的蒸发都对其起腐蚀作用。美国人还在神像高举的火炬顶端打开了一个"窗口"并装上灯光，供络绎不绝的游客前来参观。但"窗口"渗入的雨水及灯火挥发出的热气加速了神像上金属材质的腐蚀。

因此，美、法专家便在 1984—1986 年对神像进行了重大的整修工程。受到损害的部分得以修复，并对一些陈旧的材料进行更换，已经难于整修的火炬则在法国重新制造。结果，这座世界闻名的自由女神像以其崭新的面貌迎来了她正式揭幕的 100 周年。人们都在衷心祝愿这位自由女神不再衰老，永远年轻、健美。

巴拿马运河

　　巴拿马运河位于巴拿马共和国中部,是沟通大西洋与太平洋的重要航运水道,它的开通大大缩短了两大洋之间的航程,与苏伊士运河同样具有重要的战略意义。

●一艘邮轮行驶在巴拿马运河之上

■简介

　　巴拿马运河位于连接南北美洲的地峡最窄处,是一条设有多级船闸的运河。从太平洋入口到大西洋入口的航道全长约 82 千米,两端设有三组双线船闸。它们将船只从大西洋或太平洋的海平面提升 26 米,进入加通湖,然后再降低同样的高度,使之驶入另一大洋。巴拿马运河中的水源来自加通湖。

　　三组双线船闸总水头 26 米,各单闸室长 305 米,宽 33.5 米,槛上水深 16.5 米,允许通过的最大轮船长 290 米,宽 32.3 米,最大吃水深度为 12 米;经过加宽后巴拿马运河航道航宽顺直段为 192 米,弯曲段为 222.4 米。运河全天 24 小时开放,全年 365 天通航。船只通过运河全程的时间大约为 9 小时。

●一艘轮船驶进巴拿马运河的船闸

上升至现在的 36 %。据统计，2001 年全球航运量为 43 亿吨，巴拿马运河运量为 2.3 亿吨，占 5.3 %。通过的大宗货物排在前三位的是谷物（23.2 %）、石油（14.4 %）、集装箱（13.1 %）。

船只通过巴拿马运河，必须由运河管理局派出的领航员上船领航；船只通过船闸时，采用闸面机械牵引和拖轮助推的方式。船闸输水系统比较复杂，形式主要为长廊道分区段对称平衡式。通过各个主支廊道阀门，不仅可以调整本线各级闸室水位，还可以调节两线任一闸室的水位。这套船闸输水系统至今已安装了百余年，但仍能可靠使用。

运河自 1914 年通航以来，大约通过了 110 万艘船只，2001 年通过了 1.3 万艘，平均每天 36 艘次。近年来，船舶艘次增长不大，但单船吨位增大趋势明显，船宽大于 30.5 米的巴拿马型船比例由原来的 5 %

■艰难的开凿史

早在 16 世纪，西班牙国王就曾下令进行巴拿马运河开凿的调查与测量。1879 年，审查巴拿马运河问题的国际代表会议在法国巴黎召开，决定由法国政府全面负责运河的开

●开凿巴拿马运河时的旧照片

●1914 年 8 月 3 日,巴拿马运河通航,图为第一股水穿过运河西闸门

凿。1880 年 1 月 1 日,法国的"全球巴拿马洋际运河公司"宣布正式开凿巴拿马运河。然而,因流行病的发生、蔓延,以及财政上的困难,开凿运河的工程于 1889 年停滞。在以后的时间里,美、英、法三国围绕着巴拿马运河的开凿问题展开了激烈的竞争。1901 年,美国迫使英国签订了《海－庞斯福特条约》,同时废除了 1850 年签订的保证两国对巴拿马运河拥有平等权的《克莱敦－布尔瓦条约》,美国从此获得了开凿、管理和经营巴拿马运河的特权。

1903 年,在美国的策划下,哥伦比亚共和国巴拿马地区的一些人发动政变,宣布成立巴拿马共和国。同年 11 月 18 日,美国与巴拿马共和国签订了不平等的《美巴条约》,规定美国以一次性支付 1 000 万美元和 9 年后付给年租 25 万美元的代价,取得永久使用巴拿巴运河区的权利。除了这一权利,美国还得到了设防驻军和修建铁路的权利。紧接着,在法国原先开凿的运河航道的基础上,美国又投资了 3.87 亿美元,雇佣了数十万人开凿运河。在整个运河的开凿过程中,来自世界各国的劳工,都为开凿巴拿马运河付出了

●为了收回运河的主权,巴拿马人曾展开英勇无畏的斗争

85

血汗。当时的劳工在极其恶劣的环境下劳动,曾先后有7万名巴拿马和其他国家的劳工死亡。1914年8月3日,第一艘远洋轮驶过全长64.8千米的巴拿马运河,长鸣的汽笛声宣布为开辟一条穿越巴拿马地峡通道而进行的长期的、艰难的工作结束了。

●2006年10月,回归祖国怀抱不久的巴拿马运河开始酝酿扩建计划,预计扩建的总预算为52.5亿美元。工程将于2007年动工,计划2014年竣工。

●1977年9月7日,美国和巴拿马签订《巴拿马运河条约》的现场

■夺取运河的斗争

对巴拿马来说,运河的开凿和通航使其丧失了领土和主权的完整。根据《美巴条约》的规定,美国将运河及其两岸16千米宽、总面积达1673平方千米的地带辟为"运河区"。在运河区内,美国人设立自己的法院和警察局,任命自己的总督,悬挂美国国旗,实行美国法律,并驻军数万。不经美国人许可,巴拿马人不得入内。另外,美国还在运河区建立多处军事基地,并把南方司令部也搬到巴拿马,将这个远离美国本土的运河区当作其对拉美国家进行武装干涉的"桥头堡"。在过

去的 50 年间，美国多次从巴拿马运河区派兵对巴拿马和拉美其他国家进行直接武装侵略和干涉。

第二次世界大战后，巴拿马人民要求废除不平等条约、收复运河主权的呼声日益高涨。1958 年 5 月，巴拿马爱国学生不顾美国军警的阻拦，将 50 面巴拿马国旗插在运河区。1959 年 11 月 5 日，数百名巴拿马青年冲进运河区，升起一面巨型巴拿马国旗，并高呼维护国家主权的口号。1964 年 1 月 9 日，一名巴拿马学生勇敢地进入运河区并升起了巴拿马国旗，被美军开枪杀害。为此，3 万多名巴拿马市民走上街头抗议美军的暴行。美军随即出动武装直升机和坦克进行镇压，用机枪扫射手无寸铁的市民，打伤 400 多人，打死 22 人，制造了震惊世界的惨案。

在巴拿马国内高涨的反美浪潮和国际社会的巨大压力下，美国被迫同意就签订一个新运河条约进行谈判。1974 年 2 月 7 日巴美签署一项联合声明，宣布废除 1903 年的运河条约。经过谈判，美国和巴拿马于 1977 年 9 月 7 日签订了《托里霍斯－卡特条约》（又称《巴拿马运河条约》）。该条约规定：1999 年 12 月 31 日前美国从巴拿马运河区撤出全部军队，并把运河移交给巴拿马政府管理。1980 年 5 月，巴拿马政府在运河区设立了法院和警察局，开始行使部分土地管理权，巴拿马刑法和民法也开始在运河区内施行。同时，巴拿马政府逐步收回了一直由美国掌握的向过往船只提供商业服务，以及为运河区的港口和铁路提供后勤保障的权利。1999 年 12 月 14 日，双方政府在巴拿马运河的米拉弗洛雷斯船闸举行了移交运河主权的仪式。这条沟通大西洋和太平洋的"黄金水道"在诞生了 85 年后终于回到了祖国的怀抱。

第三章 非洲

　　非洲人民创造了光辉灿烂的古代文明。对于北非地区，人们知道得比较多。比如，尼罗河流域是世界古代文明的摇篮之一，埃及、库施和阿克苏姆都是闻名于世的文明古国。但是非洲的撒哈拉以南地区，由于地理和气候等因素与外界很少交往，基本上处于封闭和隔绝状态，因而人们知之甚少。因此，一些西方殖民主义者认为，非洲的撒哈拉以南地区自古就是荒蛮之地，它的文明都是外来的。研究已经表明，非洲人民在长期的生产和生活实践中，依靠自己的聪明才智和勤奋，独立自主地创造了古代文明。非洲，仿佛一本厚重的书，每一页都书写着生活在这片大陆上的人们创造的灿烂文明。这里不仅有最古老的人类，也有辉煌的文明古国，更有不同文化交融的结晶。走进非洲，走进历史的长廊，让我们去探寻这 3 022 万平方千米土地上的古老文明！

埃及金字塔

埃及金字塔是古埃及法老（国王）和王后的陵墓，是用巨大石块修砌成的方锥形建筑，因形似汉字"金"字，故译作"金字塔"。埃及迄今已发现大大小小的金字塔110座，大多建于埃及古王朝时期，它们闪烁着古埃及人民智慧和力量的光芒。

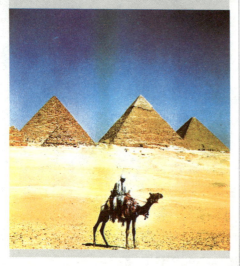

■概述

埃及的金字塔是世界七大奇迹之一，大约建造于公元前2700—公元前2500年，是古埃及国王为自己修建的陵墓。在古埃及文中，金字塔被称为"庇里穆斯"，是"高"的意思。埃及的金字塔区西面连接利比亚沙漠，东面靠近尼罗河西岸的绿洲，北面从吉萨起，向南经萨卡拉、阿布希尔直到达舒尔，在约80千米长的地带保存了近110座大小不一的金字塔。北部的吉萨位于开罗西南6千米处，从吉萨城再向西南10千米是利比亚沙漠，这里的金字塔规模最大也最著名，人们常说的大金字塔，指的就是胡夫金字塔、哈夫拉金字塔和门卡乌拉金字塔。埃及的金字塔之所以能被列为世界

●吉萨的这三座金字塔是胡夫、哈夫拉和门卡乌拉祖孙三代法老的陵墓

●神秘的埃及金字塔吸引着许多考古学家、科学家和历史学家前往探究，也吸引着世界各地的游客前去观光游览

人相信，死后把尸体供养和保存，可获得永生。所以有人说：为了建造自己的永世之居，在人类文明初露曙光之际，古埃及人的全部知识，都已显现在法老建造的金字塔之中了。

七大奇迹之一，是因为在没有先进科技的协助下，单靠一些原始工具及人力，竟可建成如此宏伟的建筑，甚至现今最先进的科技也未必能做到。那么古代埃及人到底是如何建造金字塔的呢？遗憾的是，这至今仍是一个谜。

■建塔初衷

埃及的金字塔是古埃及法老的陵墓。古代埃及的法老自认为是神明的子孙，拥有至高无上的权力。他们的一生至少要建造三种建筑：大殿、陵墓和寺庙。古埃及

■胡夫金字塔

胡夫金字塔是埃及现存规模最大的金字塔，象征国王至高无上的神格化王权。胡夫金字塔建于埃及

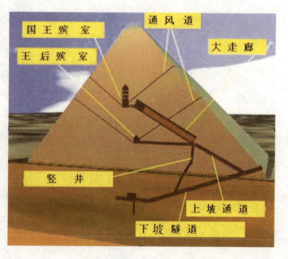

国王殡室
王后殡室
通风道
大走廊
竖井
上坡通道
下坡隧道

●胡夫金字塔结构图

● 胡夫像

第四王朝第二位法老胡夫统治时期。胡夫是斯奈福尔王和霍特普勒丝的儿子，是第一位在吉萨高原上兴建金字塔的国王。目前仅知胡夫在位23年（公元前2543—公元前2520年），对他的事迹则所知甚少。胡夫金字塔原高146.59米，因顶端剥落，现高136.5米，塔的4个斜面正对东南西北四个方向，误差小于1度，塔基呈正方形，每边长约230米，占地面积5.29万平方米。塔身由230万块巨石组成，它们大小不一，重1.5～160吨，平均重约2.5吨。据考证，为建成胡夫金字塔，一共动用了10万人，花了20年时间。

胡夫金字塔是巴黎埃菲尔铁塔未建成前世界上最高的建筑物，而且历经三次地震依然屹立不倒。胡夫金字塔的四周，特别是南北两侧，整整齐齐地排列着许多第四、第五王朝的贵族平顶石墓，宛如众星拱

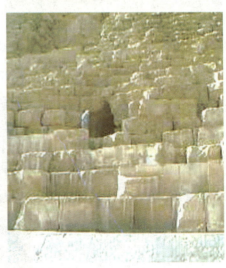

● 建造胡夫金字塔的这些巨石，重达数吨或数十吨，石块间没有任何黏合物，但契合得十分严密

●哈夫拉金字塔

月，衬托出胡夫金字塔无与伦比的威势。

　　考古学家还在胡夫金字塔中的一个封闭的坑洞内找到一艘表面斑驳的雪松木船，长43米，宽5米，是胡夫的继承人杰德夫勒王为其造的，目的是让它载送胡夫前往永生世界。

■胡夫金字塔建造之谜

　　胡夫金字塔由230万块巨石堆砌而成，石块与石块之间没有任何水泥或灰浆之类的黏合物。据记载，胡夫金字塔表面本来还覆盖着一层磨光的覆面石，但在公元1301年大地震后，这些石片被当时的统治者拆下来充当重建开罗的石料。但即使在覆面石片没有了之后，胡夫金字塔内部石块之间的契合仍非常严密，连锋利的刀片也插不进去。那时的人们尚无金属工具，建造者们是怎样加工这些巨型石块的呢？

胡夫金字塔不是简单的石块堆积物，它内部有着复杂的房室和甬道等空间。为了保持底边周长与塔高度的2π关系，胡夫金字塔设定倾斜角度为52°。与之相对应的是，塔内部所有甬道的角度都是26°，正好是52°的一半。这显然是根据地表动力学精心设计的角度，也非常符合建筑学原则。但在实际的建筑施工中，要想处处符合这样的角度，就必须依照三角函数的计算来进行。

●狮身人面像近景

特别是通向王室的大甬道，长达47米，地面宽2.1米，采取悬臂式建筑，上下均维持着26°的角度。这在建筑工程学上，是几乎不可能实现的奇迹。

胡夫金字塔虽然庞大，但它在建筑工艺上却极其细致和精确。它的底边平均长度为230.35米，其中，最长的一边与最短的一边误差不足0.2米，也就是说误差率低于0.1%；而它的四个角的角度与理论上绝对的90°直角误差仅为2°，就是在使用了各种最先进仪器的现代建筑中，这几乎也是无法做到的。

另外，在胡夫金字塔内，无论是甬道、回廊，还是在王室、后室等房间内，都没有任何使用过照明用具的痕迹。当时的建造者们在金字塔内部施工时是怎样照明的？要知道，在金字塔深处根本没有自然光线，不解决照明问题，施工就是一句空话。

■哈夫拉金字塔

哈夫拉金字塔是古埃及第四王朝（约公元前2575—公元前2465年）的第四位法老哈夫拉的陵墓，因此被称为哈夫拉金字塔，塔高143.5米。哈夫拉金字塔比胡夫金字塔略小，但其艺术风格的庄严与工程设计的精确，均可与胡夫金字塔相媲美。由于其建在一块较高的基台上，看上去仿佛比前者还要高。哈夫拉金字塔底边长215.7米，高143.6米，用石灰岩和花岗岩砌成。它所遗存的附属建筑较为完整壮观，包括以巨石建成的两座庙宇：上庙和下庙。哈夫拉金字塔是继胡夫金字塔后吉萨高原上的第二座金字塔。长期以来，由于该金字塔内

◎狮身人面像全景

的湿度过大、通风较差，墓室内部的墙壁出现裂缝。1992年，哈夫拉金字塔又经历了一次强度为5.4级的地震，遭到部分损坏。此后经过两年多的时间才全面修缮完毕。举世闻名的狮身人面像就紧挨着哈夫拉金字塔。

● 1989年3月16日，埃及考古工作者在吉萨金字塔区一座金字塔底的浅坑中挖掘出一具4 400年前古埃及王妃的木乃伊

■ 狮身人面像

雄伟的狮身人面像是在一块巨大岩石上就地雕凿而成的，高20米、长73米，它守卫着哈夫拉金字塔，有人认为其面部是根据哈夫拉的容貌雕成的。终年咆哮的风沙不断侵蚀着这座庞大的石像，在这几千年的岁月中，狮身人面像多数时间都被数吨流沙深埋地底。古埃及人常用狮子代表法老，象征其无穷的力量和无边的权力，这种法老既是神又是人的观念，促使了狮身和人面混合体的产生。据说当时建造者本来没有想到要雕凿狮身人面像，由于哈夫拉金字塔竣工时，附近采石场里的石块都被挖去建造其他金字塔，只剩下一块巨大的圆顶石灰石，挡住了哈夫拉金字塔。有一位不知名的雕刻家独排众议，把巨石雕刻成狮身人面像，用以纪念哈夫拉。可惜巨像雕成不久，即被流沙掩埋。1920年，来自欧洲的考古学家合力清除了巨像上的流沙，对其加以修葺，才使这座巨像重新雄踞于哈夫拉金字塔前，久久凝视着浩

瀚的黄沙。

■门卡乌拉金字塔

门卡乌拉金字塔的底边长 103.4 米，高 66.5 米。其实际体积仅为胡夫金字塔的十分之一。雕凿较粗糙，可能是在仓促下建成的。整座金字塔墓室入口离地面约 27 米，由花岗岩巨石垒成。1839 年，一名英国探险家首次打开这座金字塔，在墓室中发现一具花岗岩石棺及法老木乃伊。但装运这些文物的船只在返回英国途中遭遇意外，石棺和木乃伊都沉入了大西洋。

●从埃及金字塔内挖掘出的一具有着 3500~4000 年历史的猴子木乃伊

■金字塔的奇妙力量

20 世纪初，热衷于超自然科学的法国人安东尼·伯毕在参观胡夫金字塔的"国王墓室"时，不经意间在被当成垃圾箱的罐子内发现了猫和老鼠的尸体，尽管墓室内非常潮湿，但猫和老鼠的尸体却并未腐烂。安东尼·伯毕认为这与胡夫金字塔的几何图形有关，回国后他依据胡夫金字塔的设计原理用纸板做了一个底边为 0.9 米的模型，并也将模型的 4 个斜面正对东南西北四个方向，然后将一具刚死的猫的尸体放在胡夫金字塔墓室相同的距底部三分一的高度处。结果数日后，猫的尸体竟化成了木乃伊。接着，他又用肉片及鸡蛋等进行重复实验，结果确认不论放入什么，全都不会腐烂。因此，他发表了有关金字塔神力的研究。这个消息由此传遍了整个世界，更多人不断反复实验，最后都认同金字塔确实具有能让酒或果汁香醇可口，能保持蔬菜和水果鲜度的效果。

迦太基古城遗址

迦太基古城遗址是突尼斯最为著名的古迹。它位于突尼斯城东北17千米处，是公元前814年腓尼基人所建。它是奴隶制国家迦太基的都城，也是当时北非地中海地区政治、商业和农业的中心之一。

● 聪明的女王把一张"牛皮大小"的土地扩张成帝国的模样。如今，只有这些忧伤的柱子还记得它曾经的美丽容颜。

■迦太基史话

古代的迦太基城占地3.15平方千米，相传这样一个强盛的奴隶制帝国的缔造者竟是一位名叫艾丽莎的漂亮公主。为了逃避同胞哥哥的追杀，她带着随从，乘船西渡，来到现在被称作迦太基的地方，看到这儿地势险要，易守难攻，还可控制地中海的交通要道，于是决定在此地建城。然而他们的举动触犯了当地土著人的习俗，根据当地柏柏尔人的习俗，外来人禁止占有超过一张牛皮大小的地方。于是聪慧的艾丽莎公主把一张牛皮切成一根根细丝，然后把细牛皮连在一起，在紧靠海的山丘上围起一块3.15平方千米的地皮，在北非的海岸，建立起一个宏大的城市，取名为"迦太基"。

从公元前9世纪末起的600余年中，迦太基城曾是有名的奴隶制强国迦太基国的都城，繁荣富庶，是当时地中海地区政治、经济、商

公元前 264 年开始，双方先后进行了 3 次布匿战争。到公元前 146 年，终以迦太基的战败而告终。

迦太基城遭罗马军烧毁并夷为废墟。现在世人所见到的迦太基古城遗址，是罗马人在公元前 146 年—公元 439 年占领时期重建的。该城曾是仅

● 今天的迦太基城仍留有罗马的影子——罗马式的花纹

业和农业的中心之一。公元前 3 世纪，迦太基与罗马发生激烈的战争。

次于罗马的第二大城市。当时的主要建筑有高 13 米、长 34 千米、厚 8

● 如今满目萧条的安东尼浴池遗址

●罗马剧场约有 6 000 个座位,可进行室外节日活动和开音乐会,其声音效果很好

米的城墙以及宫殿、神庙、住房、别墅、公共浴室、竞技场、剧场、跑马场、基地和港口等。如今这些建筑仍旧依稀可辨。

■安东尼浴池和罗马剧场

　　紧靠海边的安东尼浴池,是公元 2 世纪罗马皇帝安东尼下令建造的。从残存的遗迹中可以看出它巨大的规模,面积达 3.5 万平方米。从底层的结构形式可以清楚地看到两边对称排列着更衣室、热水游泳池、按摩室、蒸汽浴室、逐渐升温的热水室、温水室、冷水室、健身操室等。由此可见,洗澡在古罗马人的生活中占有重要的位置,公共浴池已经成为他们不可缺少的去处。即使是不大的城市,也以有一个或几个公共浴池为荣。安东尼浴池的用水是从 60 千米以外的扎古旺通过渡槽引来的。长龙般的渡槽，形成气势宏伟的人工"天河"，至今还残存数段。可蓄水3万立方米的贮水池，至今仍在使用。

宏伟壮丽的罗马剧场，坐落在一座公园的小山上，是一座依山势而建的露天剧场，正面有两个门，左右也各有门可以出入。它由舞台和观众席组成，观众席为半圆形，是用石头砌成的，在任何一个座位上，观众都可以清晰地听到舞台上的歌声，看到舞台上演员的表演。古罗马剧场经过修复，保存得很完整。剧场四周林木扶疏，芳草萋萋，突尼斯政府每年都在这里举办"迦太基国际联欢节"。1979年，联合国科教文组织将迦太基古城遗址作为文化遗产，列入《世界遗产名录》。突尼斯政府还在这个遗址上建起了国家考古公园。

●小小的迦太基古城拥有自己的军港，其中还有一个能容纳200多艘舰船的船坞

■迦太基古城的政府架构

迦太基城主要由贵族寡头式掌权，其中商业奴隶主与农业奴隶主这两个统治阶级间时常发生利害冲突，这也造成了日后与罗马作战时出现和战不定的问题。而最高行政官员有两名，称作苏菲特，每年通过选举产生，但选民仅限于富有的迦太基人，不过这两位苏菲特没有兵权。迦太基与罗马一样，设有元老院。元老院由300人组成，拥有决策权和立法权，成员终身任职。并设有公民大会，但权力有限。此外，设有百人会议，共有成员104人，负责审判和监察。

■迦太基古城的经济发展

迦太基因其强大的海军称霸西地中海，因此成为西地中海的贸易中心，每年有庞大的经商收入。正因为迦太基拥有庞大的船队，而且居民也善于航海，所以贩运奴隶、奢侈品、金属、酒和橄榄油等商业活动频繁。同时，迦太基家庭式的手工业也很发达，当中以纺织品最为著名。又因其处于内陆地带，巴格拉达斯河谷的土地十分肥沃，所以迦太基即使在北非，也有发达的农业，还出现了奴隶制庄园。

■其他

圣·路易大教堂的东侧有一座宏伟的建筑——迦太基文明博物馆，

●迦太基古城遗址上的镶嵌画

馆内专门展出迦太基考古区出土的各个历史时期的资料和文物。文物上所刻的字迹至今仍清晰可辨，传说这就是希腊字母和阿拉伯字母的原形。

从迦太基古城遗址内发掘出的腓尼基时代的遗物，大多是坟墓、石棺、墓葬品等。有几具公元前400年的石棺，棺盖上有死者的雕像，大小和真人差不多，陈列出来的墓葬品有水壶、装饰品和陪葬者石雕像等。

此外，还有古老的迦太基神庙等遗迹。迦太基神庙宏伟庄严，具有古希腊的建筑特色。在神庙里可以看到发掘出来的一层层堆放着的石碑和盛放祭神后的儿童尸骨的容器。

■迦太基古城的彻底消逝

公元前122年，罗马在迦太基建立殖民地。在凯撒时代，罗马也曾把一些没有土地的公民遣送至这里。奥古斯都于公元前29年开始统治，罗马将迦太基设为非洲行省的一部分。在公元4世纪，罗马帝国分裂，迦太基隶属西罗马帝国。公元5世纪时，西罗马帝国崩溃，此

●根据史料记载制作的公元前200年迦太基被罗马占领时的想象图

时汪达尔人乘机入侵迦太基，并占领了非洲北部沿海的大部分国家，成立了阿兰·汪达尔国。到了公元 7 世纪，阿拉伯人向亚、非、欧三大洲入侵，在倭马亚时代占领了包括迦太基在内的北非大部分土地。1217—1221 年，这座历经沧桑的古城被损坏殆尽，继而消失在历史的长河之中。

大津巴布韦遗址

大津巴布韦遗址，位于津巴布韦的马旬戈省，距首都哈拉雷350千米，是非洲著名的古代文化遗址，也是撒哈拉沙漠以南的非洲地区规模最大、保存最为完好的石头城建筑群体。它的发现证明了南部非洲曾经有过高度发达的黑人文明。

■遗址简介

大津巴布韦遗址是非洲南部的古代黑人文化遗址，位于津巴布韦东南部，于1871年被发现，是一组大型的古代石构建筑。遗址中庞大巍峨的建筑及出土文物都体现出高度非洲文明，曾使欧洲人不相信这是黑人所建。大津巴布韦遗址上的墙和塔，由切割得非常精确的石板天衣无缝地垒砌而成，石板间找不到任何泥浆之类的黏合物。它曾是一个强大的非洲国家的中心，传说其就是《圣经》中的黄金和宝石城——俄斐。"津巴布韦"一词在当地语言中有巨石城之意，由于遗址代表着古代非洲文明，这一地区

●传说大津巴布韦遗址是《圣经》中的黄金和宝石城——俄斐

独立后即以津巴布韦为国名。整座遗址分为山顶上的卫城和山下平原

●大津巴布韦遗址上的这片开阔的谷地上，有许多石头建筑，在被寻宝者和无知的考古者大肆挖掘后，原本还算完整的遗址建筑已面目全非。

上的椭圆形庙城两部分，尤其是庙城，墙高石坚，规模宏伟。这两大石建工程是当地黑人国家同类石构工程中最大的，一般认为始建于9世纪。

●大津巴布韦遗址上的雕刻——津巴布韦鸟

■遗址建筑

　　大津巴布韦遗迹是一个大面积的复合体，有排水系统、防御工程和塔状建筑，占地达7.2平方千米，共有三组建筑。第一组建筑是一连串如堡垒般的城墙，内有复杂的走廊、石级和通道，这组建筑现在一般被称作卫城。城墙与一个大孤丘结合在一起，建筑者随着岩石的起伏，以精湛的技术把花

●津巴布韦鸟塑像

岗岩堆砌起来，顺自然之势与大孤丘混为一体。站在卫城之上，可把整座津巴布韦遗址的风光尽收眼底，可窥见当初设计者的匠心。第二组建筑是一处椭圆形花岗岩围墙，称作神庙。围墙的南、北、东北三面分别有一个进出口，围墙高约6米，底部宽约5米。神庙位于卫城下的平地上，至今仍然完整无损，这也充分显示出当初建造者的建筑水平和艺术才干。庙内还有一座庄严的高塔。第三组建筑介于围墙和神庙之间，包括许多小的房屋。

■遗址文物

在津巴布韦的博物馆里，陈列着早年土著人的绘画和从大津巴布韦遗址出土的文物，其中有阿拉伯的玻璃、中东的陶瓷等。在遗址旁还保留着古代的水井、水渠、梯田，在遗址的地基上还有古代铸造钱币的泥模。博物馆里还陈列着从大津巴布韦遗址中找到的四块中国明代瓷器碎片，从其中两块大的瓷器碎片上可以辨认出是青瓷大花瓶的底座部分，底圈中央有用青釉绘制的"大明成化年制"字样。从已经发掘到的文物看，大津巴布韦遗址曾经是一座非常繁荣的城市，冶炼业、农业、对外贸易都相当发达，而且一度与中国、波斯、阿拉伯等许多国家有着文化和经济上的交往。大津巴布韦遗址中最珍贵的文物是"津巴布韦鸟"。

■津巴布韦鸟

"津巴布韦鸟"是大津巴布韦遗址中最珍贵的文物。该鸟用淡绿色的皂石雕刻而成，鸟身如鹰，头似鸽子，脖子高仰，翅膀紧贴身子，长约50厘米，雄踞在石柱顶端。这种石雕鸟是津巴布韦一个部族世世代代崇拜的图腾，一直信奉至今。其工艺的精细，造型的独特，堪称艺术极品。据说，在大津巴布韦遗址中，曾先后发现8只这样的"津巴布韦鸟"。现在它被作为津巴布韦的象征，印在国旗和硬币上。

2003年5月14日，一只"津巴布韦鸟"引起了人们的广泛关注。津巴布韦政府在其国家宫殿举行了"津巴布韦鸟"石柱底座移交仪式。津巴布韦总统从德国驻津巴布韦大使手中小心翼翼地接过一块石柱底

座，自此丢失100余年的"津巴布韦鸟"石柱底座终于重返故乡。

原来，这块高约50厘米的石柱底座是津巴布韦丢失的8个"津巴布韦鸟"石柱底座中的一个，1890年被人从大津巴布韦遗址掠走，1906年出现在南非，次年被德国柏林博物馆收藏。1944—1945年，苏联军队占领德国之后，它被带到了苏联。德国统一后，这块石柱底座重新回到首都柏林。1998年，在比利时首都布鲁塞尔举办的非洲艺术品展览会上，这块石柱底座曾与"津巴布韦鸟"石雕短暂"相聚"。2000年2月，津巴布韦和德国签署协议，使它重返故乡，得以与其上

●津巴布韦国旗

半部的石雕"长相厮守"。

■遗址上的墙

在大津巴布韦遗址上，高质量的砌石工艺最为引人注目，特别是椭圆形围场东北部的那堵墙。此墙高 9.1 米，底部厚度为 4.9 米。成"之"字型的顶部结构沿着长达 244 米的圆型围墙延伸近 18 米。熟练的石匠首先需要将花岗岩修凿成形，然后按规则组合堆砌起来，将墙中心部分的碎石堆围住。这堵外墙及围场内庙宇的内墙都建成曲线的形状，并非笔直地延伸，这些内墙和通道究竟有何作用，至今也不得而知，不过围场和其中的庙宇看来是没有屋顶的。

■圆锥塔

在大津巴布韦遗址上，再没有

●大津巴布韦遗址的建筑几乎全用花岗岩垒砌而成，这道内城墙现在看起来仍十分牢固

比这座神庙里面的圆锥塔更令人费解的了。此塔高20余米，上面没有任何文字标记。多少年来，一批又一批考古学家和企图在塔内搜寻古物及黄金宝藏的人，曾千方百计地想钻进去探查，却始终无法找到入口。近年来，又有人前来对此塔"追根溯源"，有的还在地下挖了一条壕沟穿过塔底，也有人为寻找塔内的通道而在塔附近搬开许多石块，但还是没能找到入口，最终不得不认定这是一座实心的塔。

●大津巴布韦遗址上至今仍未找到入口的圆锥塔

第四章　亚洲

　　亚洲是面积最大的大洲,同时其文明传统起源较早,拥有超过世界一半的历史。亚洲是世界四大文明古国的发祥地。其中,出现在公元前约 3000 年的古印度文明,是世界上所有文明中最古老的文明;约出现在公元前 2000 年的中国文明,比其他任何文明都更持久、更具凝聚力。亚洲人及亚洲文明代表着全人类历史中最重要、最丰富、最多彩的篇章。

耶路撒冷

耶路撒冷作为犹太教、基督教和伊斯兰教三大宗教的圣地，具有极高的象征意义。在它的 220 个历史建筑物中，有建于 7 世纪的著名的岩石圆顶寺,其外墙装饰有许多美丽的几何图案和植物图案。三大宗教都认为耶路撒冷是亚伯拉罕的殉难地。哭墙分隔出代表三种不同宗教的部分,圣墓教堂庇护着耶稣的墓地。

■耶路撒冷简介

耶路撒冷是世界著名的古城,至少有 5 000 年的历史。公元前1000 年,犹太民族的大卫王占领此地, 取名耶路撒冷, 意为"和平之城"。从那时起,耶路撒冷便成为犹太人的宗教中心。但是, 历史并未

● 耶路撒冷在战火中走过了它不平凡的历程,时至今日,和平之声对它来说依然渺茫

给这片土地带来和平。数不尽的征战, 每隔四五百年, 就改变一次这座城市的归属。新巴比伦国王攻陷过此城, 并将其夷为平地。此后, 它又相继被波斯人、罗马人、阿拉伯人占领过。现在, 圣殿只遗留下一段 50 多米长的护墙。犹太人在这里凭吊历史, 把它叫作哭墙, 视为心目中最神圣的地方。基督教教徒认为, 救世主耶稣在耶路撒冷受难和升天, 所以也把这里看作是最神圣的地方。而在穆斯林心中, 此地是先知穆罕默德神秘夜行的目的地和伊斯兰教庄严的圣地之一。在这座犹太教、基督教、伊斯兰教的圣

●漫步在耶路撒冷旧城,所有的建筑都是由石头砌成的

城里,古老的石料建筑,见证了数千年的历史沧桑,数不胜数的圣地、古迹和祈祷场,表明了耶路撒冷对于犹太教徒、基督教徒和穆斯林的重大意义。

■耶路撒冷旧城

　　耶路撒冷旧城至今仍保有中古世纪都市的风貌。现有城墙为16世纪时奥斯曼人所建,有约帕门、金门、狮子门、锡安门、新门等八座城门。目前除金门外,其余皆可自由进出。旧城最高处的大卫城塔位于约帕门附近的犹太区内,陆续被挖掘出土的还有古老的哈莫尼城墙,以及法赛尔塔、米里亚尼塔和希皮库斯塔等三座城塔,以及罗马、拜占庭、土耳其时代的建筑遗迹。城塔中设有耶路撒冷大卫塔历史博物馆,里面陈列有迦南人、希腊人、希伯来人、阿拉伯人、土耳其人和以色列人丰富的历史文物。此外,为吸引各方游客,夜幕下的大卫城塔经常会举办各种文娱表演。

●暮色中的耶路撒冷

●人们面对哭墙祈祷，把写有心愿的纸条塞到哭墙的缝隙里

是上帝祝福的城市；耶路撒冷也是伊斯兰教三大圣地之一，是全世界最美丽的清真寺——岩石圆顶寺的所在地；对于基督教来说，这里是耶稣传福音、背十字架受钉及复活的圣地。这里保存着丰富的历史古迹，吸引着世界千万信徒来此朝拜。然而对于非教徒而言，耶路撒冷最吸引人的便是其城市建筑中特有的石材建筑，每当黄昏，整个城市弥漫着金黄色的光泽，美丽而明亮。历史古迹与现实生活在此和谐相融，各种民族与文化编织出特有的城市风味。

■耶路撒冷的魅力

耶路撒冷的魅力在于它神秘和神圣的宗教色彩，耶路撒冷是世界上唯一被三大宗教——犹太教、基督教、伊斯兰教认定为信仰源流和精神指针的圣地城市。犹太教的哭墙便在此处，圣经曾多次述及此城

■哭墙

圣殿山是犹太教徒最重要的一处圣地。公元前 1000 年，犹太王大卫的儿子所罗门，耗时 7 年，动用 20 万人在耶路撒冷的一座小山，即后来著名的神庙山（也称"圣殿山"）上兴建了一座华丽的圣殿，作

为朝拜犹太教神主的地方，这就是著名的耶路撒冷第一圣殿。公元前

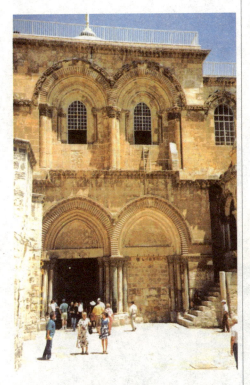

●圣墓教堂外观

586年，巴比伦军队攻占耶路撒冷，第一圣殿被毁，后来犹太人两度重修圣殿，但又两次在罗马占领时期被毁坏殆尽。此后，犹太人在原来犹太圣殿的废墟上用原来圣殿的石头垒起一堵48米长、20米高的大墙，称之为西墙称之为哭墙，哭墙成为当今犹太教最重要的崇拜物。

犹太人认为哭墙是当年圣殿留下的唯一遗迹，因而是犹太教最神圣的祈祷的地方。许多世纪以来，犹太教徒都到这里来面壁祈祷，每当追忆历史上圣殿被毁时的情景，便不禁嚎啕大哭一场，哭墙因此而得名。以色列人发誓决不废弃哭墙。

哭墙看起来和一堵巨大的石墙无异。每天都可看见犹太人自动分成男女两队，分别在哭墙的北端和南端祈祷，他们常常手捧《圣经》，一边祈祷一边点头（根据犹太教规，凡是念到圣人名字的时候必须点头），有的人甚至搬把椅子面对哭墙，一整天都沉浸其中。

1967年，哭墙所在的破败街区被拆除，成了一片宽阔的铺砌广场。1981年，哭墙被列入《世界遗产名录》。

■圣墓教堂

圣墓教堂位于耶路撒冷老城的基督教区内。基督教认为，该教堂建在耶稣被钉在十字架上、死亡、埋葬及升天的地方，因此其成为基

督教的圣地之一。该教堂建于公元326年，是按照君士坦丁大帝母亲海伦娜的命令修建的，后经战乱，数度被毁、重建，目前的教堂是1149年由十字军修建的。该教堂由许多小教堂组成，分属不同教派。其中著名的参观点有耶稣被钉在十字架上的地方、耶稣死亡及升天的地方、耶稣死后曾存放其尸首的石头。

■萨赫拉清真寺

萨赫拉清真寺又称岩石圆顶寺，得名于阿拉伯语"岩石"的译音。

●正八角形的萨赫拉清真寺的圆顶由80千克24K纯金所覆盖，在阳光的照射下璀璨生辉

于公元 7 世纪由倭马亚王朝建造。寺内有一块长 17.7 米、宽 13.5 米、最高处高出地面约 1.5 米的巨大岩石。穆斯林认为先知穆罕默德就是踩着这块巨石登天的。据说石头上至今还留有穆罕默德的脚印。穆斯林视这块巨石为圣石，认为它与麦加禁寺天房中的玄石同样神圣。萨赫拉清真寺充分显示了当时阿拉伯建筑艺术的高超和优美，被认为是中世纪世界上最华丽的建筑之一。

大马士革古城

阿拉伯的古书中有这样一段话："人间若有天堂，大马士革必在其中；天堂若有天空，大马士革必与它齐名。"相传伊斯兰教创始人穆罕默德曾来到此地，从郊外的山顶眺望城市的全景后赞叹不已。但是他没有进城，而是从原路返回，随从询问原因，他回答说："人只能进入天堂一次，我如果进入这座人间天堂，将来就无法再进入天上的天堂了。"大马士革自古就被人称作天国里的城市。

●暮色中的大马士革被星星点点的夜灯点缀着，宗教气氛与现代气息在这里被完美地结合在一起

■简介

大马士革古城建于公元前 3 世纪，位于外黎巴嫩山东麓，巴拉达河和阿瓦什河的汇合处，居民大多信奉伊斯兰教，通用语言并阿拉伯语。

大马士革是一座有着 4 000 年历史的美丽古城，从古老的罗马帝国、拜占庭帝国，一直到阿拉伯帝国时代，大马士革一直被誉为"天国里的城市"。悠久的历史使它留下了神奇的传说和众多的古迹，得天独厚的自然环境给它带来了生机勃勃、欣欣向荣的生动景象。

大马士革西边是地中海；南边地势渐渐升高，最高延伸到戈兰高地；东边是一片沼泽地；北边和东北边是大马士革平原。大马士革全城依山傍水，草绿花香，万木争荣。

在它源于不同历史时期的 125 个纪念性建筑物中，公元 8 世纪倭马亚王朝时期的大清真寺最为壮观。

大马士革人人喜欢玫瑰，几乎家家户户都培育玫瑰。因此，大马士革不但以其美丽的风光和丰富多彩的古建筑吸引人，而且还以其芬芳鲜艳的玫瑰闻名于世。

大马士革是叙利亚的政治、经济、文化中心，是铁路、公路和航空枢纽，是中东重要的商业中心之一，也是工业品和农产品的集散地。大马士革以轻工业为主，还出产珠宝、丝绣、铜器、刀具、银嵌等精美的手工艺品。

大马士革自古以来就得到许多赞誉之辞，被称为"园林之城""诗歌之城""清真寺之城"。1979年，联合国教科文组织将大马士革古城作为文化遗产，列入《世界遗产名录》。

● 大马士革出产的刀具

■城市历史

公元前 11 世纪中期，一支犹太人部落居住在大马士革。公元前 10 世纪，大马士革是亚美尼亚王国的都城。经过包括巴比伦人、赫梯人、埃及人、亚述人和波斯人在内的多次外敌入侵后，大马士革被亚历山大大帝征服。在塞琉西王朝统治时期，安条克取代大马士革成为新的都城。公元前 64 年，罗马人占领了大马士革，希腊化的大马士革变成罗马叙利亚省的一部分，并日趋繁荣。公元 636 年，拜占庭帝国军队失败后，与西方联系长达 10 个世纪之久的大马士革被穆斯林占领。在倭马亚王朝的哈里发统治时期（650—750 年），大马士革进入了黄金时代，它成为从北非到中国边界之间庞大帝国的都城。阿尤布王朝建立后，萨拉丁正是在大马士革集结了他所有的军队，于 1187 年夺回了耶路撒冷。大马士革重新作为一个伟大帝国的首都而大放光彩。公元 1516 年，大马士革和叙利亚一起被奥斯曼人攻占。

●奥马亚清真寺外观

●奥马亚清真寺院内的雕花装饰

■城市布局

　　大马士革古城由一道具有城门的防卫城墙围护，其布局保持了在倭马亚王朝时期形成的风格。城市设计保留了一些罗马和拜占庭时期的规划结构（如按照四个方位基点进行定向的街道）。有篷市场、旅行

是一座基督教堂，到公元 8 世纪的时候，阿拉伯人占领了大马士革，倭马亚王朝的国王于公元 705 年亲自主持将其改建为清真寺。当时动用了 1 万名工匠，历时 15 年，才建成了这座堪称伊斯兰教圣地之一

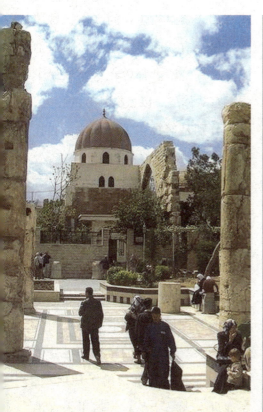

●萨拉丁的陵墓

车队圈地、宫殿、顶塔和光塔等都证明了大马士革古城起源于伊斯兰教的历史。

■倭马亚清真寺

　　大马士革古城内共有清真寺 250 座，倭马亚清真寺是最著名的一座，而且也是世界最著名的清真寺之一。它坐落在旧城中央，原本

●大马士革古城四周有高墙环绕，墙上似乎刻满了沧桑

的倭马亚清真寺。这座清真寺具有富丽堂皇的建筑风格，3个高耸的尖塔分别代表伊斯兰各个时期的建筑艺术风格，它的大门高约10米，礼拜大厅完全用巨大的石块建造，长136米，宽37米，里面有大理石石柱起支撑作用，大厅四壁和圆柱上雕刻着精致的花纹，厅顶垂挂着一盏偌大的水晶吊灯。大厅外的广场四周建有走廊，走廊的墙壁上有用石块、金砂和贝壳镶嵌的巨幅壁画，描绘出倭马亚王朝时期大马士革的繁荣景象。但是人们现在所看到的并非它初建成时的模样，它在1 000多年的历史中共经历了五次火灾，最后一次重建是在1893年。

■大马士革城堡

在大马士革古城内，大马士革城堡也是一处久负盛名的古迹。它始建于2 000多年前，公元11世纪时彻底重建。城堡共占地3.3万余平方米，由巨石垒建而成，四周围绕着护城河，河上架有吊桥。城堡上建有用于瞭望和防守的高塔，城墙和城堡上有300多个射孔。阿拉伯国家最高统治者都曾在这座城堡中指挥军队作战，以抵御外族的侵略，他们分别是努拉尔丁、萨拉丁和扎赫尔·倍贝尔。

■恺桑门

大马士革古城四周有高墙环绕，共修建有八个城门，然而最富有传奇色彩的则是另一座看起来很普通的石砌城门——恺桑门。相传当年圣保罗奉耶稣的旨意到各处传播福音。有一天上帝给予他启示，要他进入大马士革，到城里去宣讲上帝的福音，因为这个城市里居住的都是正在经受苦难的上帝的子民。圣保罗在进城之前被告诫再三，他必须从恺桑门进城，否则他将不能得到神的保护。圣保罗完全照做了，从恺桑门进入，来到大马士革。但是基督教的敌人发现了他，要捉拿他当众处死，无路可退的时候，他请人将自己放在篮子里，从大马士革堡垒上降落在恺桑门，从而逃出大马士革。今天，人们会在恺桑门旁边看到一座基督教堂，这便是为纪念伟大的圣保罗修建的圣保罗教堂。这座大马士革最宏伟堂皇的教堂与恺桑门一起，成为古城的象征。

伊斯法罕古城

伊斯法罕位于伊朗中西部。这个拥有2 500年历史的古城曾是东西方贸易集散地、"丝绸之路"南路的重要驿站,自古就有"伊斯法罕半天下"的美称。城内遗留了许多著名的古迹,市中心的皇家广场及清真寺尤为典型。

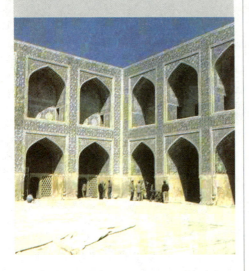

■简介

伊斯法罕是伊朗最古老的城市之一,历史上的古都,位于扎格罗斯山和库赫鲁山的谷地之中。"伊斯法罕"源自波斯文"斯帕罕",意思是"军队",古时这里曾是军队的集结地,由此而得名。

伊斯法罕是伊朗传统工业的中心,有纺织、制鞋、医药、钢铁等工业,以生产金银工艺、陶器、地毯、棉染织品而闻名,周围地区出产烟草、棉花和制作香水用的蔷薇。

早在公元前8~公前前6世纪,伊斯法罕就已经是一座颇具规模的都市了。11—12世纪塞尔柱王朝时,该市曾为首都。萨法维王朝时期(1501—1736年),该市处于全盛时期,市内多数建筑物和清真寺都是那时建造的。

伊斯法罕不仅景色优美,拥有公元11—19世纪的各种伊斯兰风格建筑,而且它作为"丝绸之路"的南路要站,更是东西方商贸的集中地。南来北往的商人都汇集于此,各种商品也琳琅满目,伊斯法罕一时富甲天下。所以民间有"伊斯法罕半天下"的美称。

历史上,中国与伊斯法罕有着密切往来。1989年5月,该市与我国的西安结为友好城市。

● 伊斯法罕皇家广场

● 四十柱宫夜景

■美丽的皇家建筑

伊斯法罕最引人注目的要属皇家广场了。广场建于1616年，长约500米，宽约160米，是当年阿巴斯大帝检阅军队、观看马球比赛、举行各种仪式的地方。广场周围有雄伟精美的古代建筑群，同时这里还有保留着300多年前风貌的传统市场——巴扎，从中能观赏到闻名遐迩的伊斯法罕手工艺品。

著名的四十柱宫也是皇家建筑的一个经典。四十柱宫座落在伊斯法罕的大花园内，建筑面积为1 113平方米。该宫始建于萨法维一世时期，于萨法维二世时建成，是当时接待贵宾和外国使节的地方。宫殿的基石高出地面约1米。宫殿前半部是一个三面开放的宽敞的平台，台上有20根高大的柱子。平台正中的四根大柱子中间有一个大理石的水

●伊玛目清真寺

个长方形的大水池，长110 米，宽 16 米，水池四周有喷泉和石雕。站在池边朝宫殿望去，20 根柱子与辉映在水中清晰的倒影浑然一体，构成赏心悦目的佳景，"四十柱宫"由此得名。与平台相接的大殿有三个拱顶，入门处有一间玻璃镶嵌的镜厅，为 1657 年阿巴斯国王时代所建，萨法维二世时重新修饰。大殿内的墙上有数幅宏大的壁画，反映出当时人们的劳动、生活和征战场面。目前，大殿作为展厅，陈列着当时的器皿、古币、书法等文物珍品。

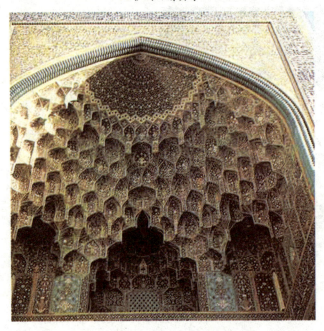

●伊玛目清真寺正门上美丽的金丝图案

池子，水由这四根柱子下方的石雕狮子的嘴里喷出。宫殿前面还有一

■清真寺博览

伊斯法罕内布满着清真寺，简直是一个伊斯兰寺庙建筑的博览会。

●圣·罗图福拉清真寺和广场围墙紧紧相连,是伊斯法罕皇家广场上一道难得的胜景

比较著名的有伊玛目清真寺、希克斯罗图福拉清真寺和马斯吉德哈基姆清真寺等。

伊玛目清真寺位于伊斯法罕广场的南端,始建于 1612 年萨法维一世时期,竣工于 1630 年。里外均由精美的瓷砖镶嵌而成,大门是镀银的,墙壁上有艺术水准颇高的壁画和装潢。该寺占地面积为 17 000 平方米,是伊斯法罕最大的双层拱顶清真寺,其建筑宏伟,设计精美。清真寺拱顶上的尖塔正对着麦加圣地。位于寺院南侧的大拱顶高 54 米,主要部分均镀金或镀银,辉煌夺目,光彩照人。寺内还有一个三角形的日晷,是当时的人们用来测算时间的。在 17 世纪建寺时,该寺西侧有讲授神学的讲堂和教室。另外,寺内仍保留多处做祈祷和礼拜的地方。

马斯吉德哈基姆清真寺是阿巴斯二世时建成的，时间约为公元1656—1662年。马斯吉德哈基姆清真寺最初所选用的建筑材料主要是灰泥。经过几个世纪的风雨侵蚀后，这些建筑很少能够被保留下来，而用同种材料制成的造型优雅别致的象牙塔却保存至今，是伊斯法罕皇家广场上最古老的建筑，它在被伊朗考古部门发掘出来以前一直被黄土覆盖。

伊斯法罕广场东侧是希克斯罗图福拉清真寺，表面用天蓝色、浅柠檬黄色和深红色的瓷瓦装饰，十分精美华丽。该清真寺的圆顶在伊朗被公认为是最好的圆顶。寺内绘画以装饰性技法为主，也有写实的题材。另一个特殊之处是，这个清真寺内没有院子和塔柱。

■地毯

伊斯法罕，这座伊朗高原上的古老城市，在两千多年的漫漫岁月中为世界献上了无数的极品地毯，也使自己成为一条著名波斯谚语的起源——伊斯法罕半天下。伊斯法罕地毯现在仍被认为是世界上最好的波斯地毯。

伊斯法罕的手织地毯

伊斯法罕手织地毯在数世纪以前就备受东西方人士的推崇，在欧洲皇室、波斯王宫都可以见到它的身影。教廷和贵族阶层更是对其推崇备至，不仅铺在地上，更将其像珍贵的油画一样挂在墙上。17世纪波斯国王阿巴斯迁都伊斯法罕城，波斯地毯也进入黄金时代，那个时期世界上最好的地毯均出自伊斯法罕。

正中一个"中心葵"，延绵四周的是杂而不乱的阿哈巴斯棕榈叶和各种奇异藤蔓——这是伊斯法罕地毯的基本图案，千百年来都未曾改变。不变的还有地毯的原料——堪称世界羊毛之最的科尔克羊毛，以及世代传承的精湛的编织手艺。

波斯波利斯古城

波斯波利斯古城巧妙地利用地形,依山造势,将自然的地理形貌和人类的艺术精华完美地融汇在一起。波斯波利斯古城遗址提供了许多关于古代波斯文明的珍贵资料,具有重要的考古价值。

■古城历史

波斯波利斯位于伊朗南部的法尔斯省,为波斯帝国旧都。伊朗古名"波斯"。波斯帝国的创立者是阿契美尼德氏族的居鲁士二世。公元前530年,居鲁士二世在一次战斗中身亡,他的儿子冈比西斯二世继承了王位,并于公元前525年征服了埃及,在那里建立了第27王朝。

公元前522年,冈比西斯二世去世后,一位名叫大流士一世的贵族加冕为王。

大流士一世统治时期是波斯帝国的鼎盛时期,他在位期间,发动了一系列大规模的侵略战争。他先后征服了印度河流域的一些国家和部族,接着又征服了欧洲东部的色雷斯和马其顿。随后,又虎视眈眈

●大流士一世手拿一朵双苞莲花在波斯波利斯登基的塑像

● 帝国的荣耀已成往事，然而从残存的雄伟建筑物中依然可以想像当年的辉煌

518 年，大流士一世迁都波斯波利斯。这座世界上最豪华的都城共花费了 60 年的时间来建造，历经三个朝代才得以完成。根据波斯波利斯王宫正门上的铭文，大流士一世时代只完成了都城的宫殿、觐见大殿、宝库、三宫门等建筑。薛西斯一世修建了万国门和其余主要部分。从此，这座象征着阿契美尼德帝国辉煌文明的伟大都城不仅是王朝的心脏，而且是存储波斯帝国财富的巨大仓库。

地瞄准了希腊。

公元前 486 年，大流士一世去世，他的儿子薛西斯一世继续扩充实力，组建了百万大军，企图实施征服希腊的计划。但在多次战败后，波斯帝国不得不承认希腊城邦的独立，这也标志着波斯人在欧洲和中东扩张的结束。

大流士一世和薛西斯一世在位期间，波斯统治的区域空前庞大，其疆域跨欧亚非三大洲。波斯人在建立了这个世界性的大帝国之后，又建造了三座宏伟的都城——苏萨、波斯波利斯和帕萨加第。公元前

● 波斯波利斯遗址上残留的高大石柱

● 通往平台的阶梯旁刻有波斯士兵的浮雕，每个人的神态和姿势几乎都是一个模样

■王宫建筑

波斯波利斯城内王宫建在扎格罗斯山脉中拉赫马特山西麓的一块南北长 450 米、东西宽 300 米、高 15 米（相当于三四层楼高）的平台上，东面背靠拉赫马特山，正面朝西，居高临下，俯视辽阔的法尔斯平原。平台的西北端有阶梯，宽 7 米，共有 111 级石阶，每级石阶只有 10 厘米高，足以让人骑马上去。除平台外，最明显的还有 13 根依然耸立的高大石柱，石柱高 10 米至 20 米。王宫外，薛西斯一世建造的

"万国之门"高达 18 米，入口前有大平台和大台阶，石阶两侧墙面刻有 23 个民族朝贡队伍的浮雕像，人物形象生动，反映了当时波斯帝国繁荣的景象。这里主要的建筑物，是一些立有圆柱的大厅。部分大厅还有自己的平台、楼梯和柱子门廊。从这些遗迹可以想象出当年波斯波利斯古城的雄伟和壮观。

● 远眺波斯波利斯的大石台遗址。中间是大流士一世觐见大殿的遗址

■宫殿大厅

石阶所通向的觐见大殿又称阿帕达纳宫，是大流士一世接见外国使节的宫殿，向西双向石阶，院内

●古代马其顿国王亚历山大是历史上一位杰出的军事家和政治家

两台石阶，一东一北。此殿是那个时期建筑艺术的典范，是古代波斯建筑的瑰宝。据说，大流士一世曾将大量的货币和文书埋于大殿的地下。殿内大厅呈正方形，每边长达61米，中央大厅有36根石柱。大厅外的前廊和左右侧廊各有12根石柱，共计72根。大厅面积为3 600平方米，可同时容纳近万人，包括朝臣、军人和使节。大厅外墙面贴彩色琉璃砖或黑白两色大理石，雕刻拼接图形或花纹，枋木和屋檐都包贴金箔。大厅内墙面有壁画。与觐见大殿仅一个小庭院相隔，还有一座更加庞大的建筑，据考证可能是薛西斯一世的觐见大殿。殿内大厅同样也呈正方形，每边长为73米，因为殿内有100根13米高的石柱，所以被称为"百柱殿"。在这座华丽的大殿里面，国王可能在100根柱子构成的柱林之间气度不凡地端坐于宝座之上款待远方来的尊贵客人。在百柱大殿的后面，有金库、贮藏室及寝宫。1971年10月，伊朗政府曾在这里举行波斯帝国建国2500周年庆祝大典。

■毁灭

1930—1940年，考古学家在对波斯波利斯古城建筑遗址进行挖掘之后，发现王宫遗址上有严重的火焚痕迹，焚毁的部分是正殿和珍宝库。

根据历史学家的研究，普遍认为王宫毁于马其顿王亚历山大之手。公元前334年春天，亚历山大正式向波斯宣战，之后爆发了亚历山大东征史上最大的一场战役——高加米拉战役。不久，波斯波利斯陷落。亚历山大占领了波斯波利斯，在经过彻夜狂欢之后，他的军队将宫殿付之一炬。亚历山大为什么要焚毁波斯波利斯王宫呢？对此，历史学家们众说纷纭，莫衷一是。

古希腊史学家在《亚历山大远征记》中写道："亚历山大把波斯波利斯王宫烧毁是为了报复。因为波斯人在雅典对希腊人犯下了数不清的残暴罪行。"

日本学者在《亚历山大》中却写道："亚历山大在一次庆功宴上，喝得酩酊大醉，他的身边坐着一个

●公元前331年10月1日，在高加米拉(今伊拉克境内)村庄附近，世界上最强大的两支军队——马其顿与波斯展开了决战

雅典名妓泰绮思。她对亚历山大开玩笑地说，敢不敢放一把火，把波斯王宫烧掉？亚历山大一时冲动放起火来，一时之间，整个宫殿都陷于一片火海之中……"

而美国学者在《世界文明史》中则认为："亚历山大烧毁王宫，是由于他们在沿途看见 800 个希腊人因为各种原因而被残害，有的被割去耳朵，有的被挖去眼珠，有的砍了腿，有的斩了手，盛怒之下才这样干的。"

还有人认为王宫是在亚历山大举行盛大酒宴时，偶然起火而被烧毁的。

以上各种观点，有的有一定道理，有的则只是一种猜测。但由于缺乏可靠的历史证据，波斯波利斯被焚毁的原因至今还未揭开。

佩特拉古城

　　佩特拉古城的历史可以追溯到史前时代,它是阿拉伯、埃及、叙利亚之间的交通要塞。佩特拉古城一半突出,一半镶嵌在环形山的岩石里,到处是小路和峡谷,是世界著名的考古遗址。古希腊建筑与古代东方传统在这里交汇相融。

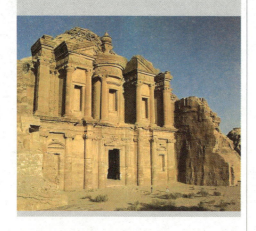

■兴衰佩特拉

　　佩特拉古城始建于公元前 6 世纪前后,是由居住在这里的游牧民族纳巴泰阿拉伯人建造的。在公元前 4—公元 2 世纪时是纳巴泰王国的首都。公元前 1 世纪,纳巴泰王国在国王阿雷特斯三世统治时相当

●图拉真画像

繁荣,疆域曾扩大到大马士革。公元 106 年,纳巴泰王国被罗马帝国

●俯瞰佩特拉

皇帝图拉真的军队攻陷，沦为罗马帝国的一个行省。佩特拉作为商业重镇曾盛极一时，3世纪起，因红海海上贸易的兴起代替了路上商路，佩特拉开始衰落，7世纪被阿拉伯

●进入佩特拉遗址的狭窄入口

军队征服时，已是一座废弃的空城。1812年，被瑞士人伯尔克哈特重新发现。

■峡谷中的城市

佩特拉是约旦的一座古城，位于约旦安曼南260千米处、海拔1 000米的高山上，隐藏在与世隔绝的峡谷中，整座城市几乎全在岩石上雕刻而成，周围被悬崖绝壁环绕。佩特拉的地理位置极其特殊而神秘，唯一的入口是狭窄的山峡。此峡谷最宽处约7米，最窄处仅能让一辆马车通过，全长1.5千米左右，两侧雕凿有洞窟和岩墓。进入峡谷，甬道回环曲折，险峻幽深，路面覆盖着卵石。峭壁上的岩石，

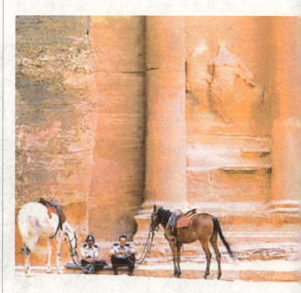

●佩特拉遗址上的岩石建筑在阳光的照射下，泛出玫瑰般的色彩

●佩特拉——悬崖绝壁上的都城,岩石山怀抱中的遗迹

在风雨的长期作用下变得平整光滑,似刀削斧砍。人行其中,顿感肌骨透凉。顺峭壁仰望苍穹,蓝天一线,壮观而又神奇。

■玫瑰红石城

佩特拉的希腊文意为"岩石",在《旧约圣经》中称其为"塞拉"。这座古城最独特的地方是它所有的建筑物都是在朱红或赭石色的岩石上开凿而成的,在朝阳和晚霞的照映下,闪烁着玫瑰红的光泽。所以,后人便称它为"石头城"或"玫瑰城"。公元 19 世

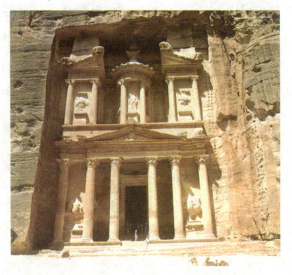

●卡兹尼是佩特拉最漂亮的一座石雕建筑

●仰视佩特拉"宝库"卡兹尼

纪，英国诗人威廉·伯根在其诗作里这样赞美它："令我震惊的唯有东方大地，玫瑰红墙见证了整个历史。"

■建筑风格

佩特拉高大雄伟的殿堂分布在周围山崖的岩壁上，门檐相间，殿宇重叠，十分壮观。佩特拉古城反映了纳巴泰王国五百年繁荣时期的历史。古城多数建筑保留了罗马宫殿式的风格，表明古纳巴泰人曾受到过罗马文化的影响，因此，透过古城的遗迹，人们可以了解古纳巴泰文明，还可以从中了解到许多罗马文化可将其作为研究罗马文明的重要参考和借鉴。

■佩特拉的"宝库"

佩特拉的"宝库"卡兹尼建于纪元初年，其具有典型的古希腊后期建筑风格。这一建筑的设计风格与其说是纳巴泰式的，不如说是古典式的。这是一座在岩石中建成的

佩特拉的古老水道

巨型建筑，其正面宽 30 米，高 40 米，入口高约 8 米，使得任何站在里面的人都显得分外渺小。

　　卡兹尼被称为为"宝库"是因为这里是传说中历代国王收藏财宝的地方。整个殿门分两层，下层有两根罗马式的石柱，高 10 余米，横梁和门檐都雕有精细的图案。殿门上的 3 个石龛中，分别雕有圣母、天使及带有翅膀的战士的石像。宫殿中有正殿和侧殿，殿内的墙壁上还留有原始壁画。进入宫殿后有一间巨室，石阶尽头是一个壁龛，存放过一尊神的塑像。前面的空地是专门容纳前来朝拜的络绎不绝的人群的。卡兹尼正殿顶部的瓮被认为曾是用来存放某位法老财宝的地方，以前许多人曾尝试用枪击中这只瓮以获取其中的财宝。

■佩特拉的水道

纳巴泰人是高超的水利工程师，在佩特拉崎岖不平的峡谷裂缝中，在两边刀削斧砍般的崖壁上，不仅雕凿有众多的洞窟和岩墓，还排列着两条为城池输送饮用水的水道，有的水道还用陶制水管连接着。史前时代的纳巴泰人和后来的罗马人，用这样的水道将山上的穆萨泉水引到佩特拉城的储水池中，而后供城里的居民饮用。

世界上的一切事物都利弊相随。公元106年，罗马人决心进攻佩特拉，但要进入这座古城，除了这条高耸的狭窄裂缝，并无任何其他方法。罗马人久攻不下，后来竟意外发现，供给佩特拉城的水源在地峡的外面，于是便切断了该城的水源。这招"断水计"果然给了佩特拉致命一击，当城内水源枯竭之后，佩特拉军民不得不放弃抵抗，最终被罗马帝国吞并。

■博物馆

穿过幽谷，爬上曲折的山道，便是佩特拉的博物馆，它负责对佩特拉遗迹进行发掘和保护。佩特拉博物馆里陈列着在佩特拉遗址上出土的令人赞叹的纳巴泰人和罗马人时代的陶器、铜、铁和玻璃制品，而馆内的人兽雕塑更是美不胜收，盛气凌人的壮硕武士、绰约多姿的顶水坛少女、温顺的绵羊、咆哮的雄狮，每一尊都栩栩如生，展示了古都昔日的盛况。

阿旃陀石窟

阿旃陀石窟位于印度的马哈拉施特拉邦境内。它既是古印度的佛教圣地，又是南亚佛教石窟的代表性建筑。大约建于公元前3—公元6世纪，后又经大规模扩建和修饰，增加了很多绚丽多彩的石窟。阿旃陀石窟的绘画和雕塑，作为佛教艺术的经典之作，具有相当重要的艺术影响力。

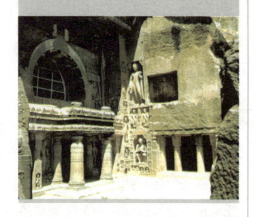

■阿旃陀石窟的兴废史

阿旃陀石窟位于印度马哈拉施特拉邦北部文达雅山的崖壁上，距奥兰加巴德市106千米。阿旃陀石窟开凿在戈达瓦里河河湾的峭壁上。从高处俯瞰，其像一轮弯月静静地散落在峡谷中。此处的石窟星星点

●阿育王画像

点，大小不一，错落有致。"阿旃陀"一词源于梵文，意为"无想"、"无思"。

阿旃陀石窟最早开凿于公元前3世纪（印度历史上的孔雀王朝阿育王时期），兴盛于4—5世纪，造像活动在7世纪以后基本结束，前后的营造时间达千年之久。阿旃陀石窟分布于马蹄形的深谷中，按石窟的自然顺序而非开凿年代进行编号。公元7世纪，佛教在印度逐渐衰落，开凿石窟的锤声也渐渐消失，阿旃陀石窟逐渐从历史的记忆中消

团士兵因追逐老虎进入深谷，发现了阿旃陀石窟，才使阿旃陀的石窟艺术重新受到世人的关注。

中国唐代高僧玄奘于公元 638 年在印度游历取经时曾到过此地，并在《大唐西域记》中对石窟做了生动的描述，这是关于阿旃陀石窟最早的文字记载。

● 阿旃陀石窟的 29 座洞窟环布在新月形的山腰陡崖上，高低错落

退。废弃的石窟变得杂草丛生，茂密的树林又将石窟遮挡在人们的视线以外。1819 年，英国马德拉斯军

■建筑形式

阿旃陀石窟的建筑形式可分为两种：一种是支提洞，意为佛殿，是藏放舍利子的塔庙；另一种为毗可罗洞，即僧房，是僧人讲学、集会、居住、修道的场所。佛殿顶部呈拱形，平面是马蹄形，殿中排列着数十根石柱，把殿分为内殿和中殿，内殿后部设有佛台。僧房为正方形，中间为集会的场所，三面围

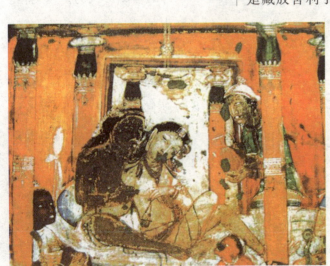

● 表现释迦牟尼生平的壁画

●阿旃陀石窟内景

以僧人的住房。这里共有 29 窟，9、10、19、26、29 号窟为佛殿，其余均为僧房。

■两个建造期

阿旃陀石窟是在两个不同时期建造的，第一阶段的僧房窟中的雕刻十分简单，洞窟内仅有佛龛、石床和石枕，而佛殿窟内的雕凿却十分精美、富丽堂皇，其窟门为方形，门拱上方有一个突出的门楣，其下有两根列柱支撑。门楣上方雕有一个巨大的半圆形明窗，既增加窟外装饰，又为窟内带来一定的光线。明窗两侧雕有两尊力士和佛教人物形象。窟内后部的平面为半圆形，前半部为长方形，两侧雕八棱列柱环壁一周，顶部的雕刻形式为仿木结构。巨大的覆钵式塔位于石窟后部，列柱柱头与柱础的雕刻纹饰简朴，柱身上有壁画，所画佛像服饰为半袒右肩、通肩两种。窟内壁画与雕刻反映了佛祖释迦牟尼的生平故事及当时的宫廷生活和印度社会，人物形象生动，色彩明快大方，构图繁复紧凑，表现出当时的艺术家丰富的想象力和对艺术表现形式的驾驭能力。

第二个时期的石窟主要开凿于

●阿旃陀石窟内著名的壁画《持莲花的菩萨》

公元4—5世纪，洞窟形制与前期相似，但发生了变化。前廊面积扩大，并增设露台门。前庭正壁雕佛像，塔基增高，正面开龛造佛像。列柱雕刻较前期有较丰富的变化，题材有花卉、蔓草、枝叶、珠宝及各种动物，柱面浮雕虽然较浅，但线条流畅、细密，柱头浮雕有人物故事，注重装饰效果。窟内的仿木结构大下减少。洞窟内光线较暗，窟中央

呈方形，十分宽大，四周雕有方形列柱，墙壁上绘满壁画。

■石窟的开凿

阿旃陀石窟的具体开凿步骤是：挑选一块粗糙柔软并且没有明显裂缝的玄武岩崖壁，刻出正面轮廓，再用铁器开凿。先凿出天顶，接着从上往下开凿。在往下开凿的时候，先凿出长长的工作通道，然后留出

●在阿旃陀石窟的所有雕刻中，人物类的雕刻大多鲜明生动，人体比例标准，给人以优雅、肃穆、纯厚的美感

内墙隔开的几排立柱，等待以后再凿。修造寺院的时候，先凿出中央大厅，再凿供起居用的厢房。一旦粗凿完工，便可开始精雕细凿。在新凿出的殿堂的粗糙表面，涂上一层厚厚的粗砂、黏土、砻糠、蔬菜纤维和草的混合物，然后刷上稀石灰，大约过45天后再绘上精美繁缛的壁画，用木炭勾勒出壁画轮廓，先绘背景，再精绘前景，所用的颜料都是加工磨碎的天然材料，最后用动物胶黏合。

■壁画

阿旃陀石窟中绘制的精美壁画纵跨千年，堪称印度壁画之冠，是举世瞩目的画廊瑰宝。其中1、2、10、16、17窟为有壁画的石窟。由于年代久远，价值最高、名声最大的满壁彩绘大多损坏或剥落，仅有部分保存下来。壁画的内容主要是宗教性的，题材直接取自佛经，描绘了佛陀成佛前修行的故事，表现了佛陀的降生、出家、成佛、降魔、说法和涅槃；也有宣扬宗教哲理的美好神话；还描写了当时印度社会生活和宫廷生活的诸多情景。壁画内容十分丰富，构图复杂而又和谐紧凑，笔调活泼，人物表情生动、体态匀称，不仅具有极高的艺术价值，同时也具有重要的史料价值。

■雕刻

阿旃陀石窟中有大量的雕刻。雕刻分为雕像和浮雕两类。雕刻刻成的时间不一，但各具特色。佛像和廊柱都由整块岩石雕成，列柱、藻井布满浮雕，有佛陀向弟子布道的群像，有形象可爱的小矮人，还有随时可见的手执花环的女神和一些可爱的小动物，以及由各种花卉组成的图案。雕刻均饱满精致，色彩斑斓，形态多样。其中，7世纪所建的1号石窟内，有一尊高约3米的释迦牟尼像：从正面看，似在沉思；从左面看，似在微笑；从右面看，又似在凝视。此像是大乘佛教建筑中最光辉的典范。

泰姬陵

有人说，不看泰姬陵就不算到过印度。的确，在世人眼中，泰姬陵就是印度的代名词。无论是国际政要还是普通游客，但凡来到印度，哪怕日程再忙，都要挤出时间去瞻仰一下这座举世闻名的爱情丰碑。

● 泰姬陵是全印度乃至世界最著名的陵墓，堪称人间建筑的奇迹

该陵始建于 1632 年，到 1653 年才完工，工期长达 22 年之久。泰

● 泰姬陵的正门雄伟大方，上面精美的雕刻使其显得灵巧别致

■古典陵墓建筑的典范

泰姬陵坐落在印度新德里东南200 千米处的历史古城阿格拉，是莫卧儿帝国（1526—1757 年）第五代皇帝沙·贾汗为纪念其早逝的爱妻阿姬曼·芭奴而建造的。它是一座伊斯兰风格的建筑，被后世公认为是世界建筑史上最美丽的作品之一。

姬陵长 576 米、宽 293 米，整座陵园占地 17 万平方米，由前庭、正门、莫卧儿花园、陵墓主体及两座清真寺组成。

●后人将沙·贾汗的石棺放置在泰姬陵内他妻子的石棺旁，这对有情人最终还是相守在一起

前庭内奇花异草，古树参天。陵墓的正门由红砂岩筑成，并带有白色花纹图案。正门与陵墓之间是莫卧儿花园，垂直的水道将花园分隔成四部分。花园中心为正方形的喷水池，池内流水清澈，四周植被繁茂。花园中有一条用红石铺成的甬道，两旁是人行道。甬道的尽头就是用白色大理石砌成的陵墓。陵墓的基座为一座高 7 米，长、宽各 95 米的正方形大理石。寝宫居于陵墓正中，四角各有一座塔身稍外倾的圆塔，外倾是为防止塔倾倒后压坏陵体。寝宫的上部为一个高耸饱满的穹顶，下部为八角形陵壁，上下总高 74 米，黑色大理石镶嵌的古兰经的经文被置于 4 扇拱门的门框上。寝宫内有一扇由中国巧匠雕刻得极为精美的门扉窗棂。寝宫共分宫室 5 间，宫墙上有构思奇巧的用珠宝镶成的繁花佳卉，使宫室更显

●泰姬陵和其左右两侧的清真寺

●黄昏中的泰姬陵朦胧素雅，犹如美人在含情沉思

似绽放的花朵；中午，泰姬陵呈白色，光芒耀眼；傍晚，泰姬陵呈灰白色，色泽柔和似珍珠。在星斗闪烁的时候，泰姬陵可呈现出白色、灰色、金黄色或琥珀色。在阴云密布的天气里，泰姬陵似冬季空中漂浮的薄雾，忽隐忽现。

光彩照人。中央八角形的大厅是陵墓的中心，墙上镶嵌着精美的宝石和浅浮雕。中心线上安放着泰姬的墓碑，国王沙·贾汗的墓碑则位于其旁边。泰姬陵主体建筑的左右还各有一座清真寺，造型一模一样，由白色圆顶和红色砂岩筑成。其建造的最主要的目的是让泰姬陵整体建筑产生平衡的效果。

泰姬陵的景致会随着季节、时间的变化而变化。黎明时分，泰姬陵呈现出粉红色，

■爱情的见证

1612 年，印度莫卧儿王朝鼎盛时期的著名皇帝（第五代国王）沙·

●泰姬陵内阿姬曼·芭奴的画像

●水中的泰姬陵的倒影好似美人头像

座像她一样美丽的、举世无双的巨大陵墓，并用她的封号命名。陵名由此而来，简称为泰姬陵。

不久，沙·贾汗开始动工修建泰姬陵，历时22年，每天动用2万个役工。除了汇集全印度最好的建筑师和工匠，还聘请了中东、伊期兰地区的建筑师和工匠，更是耗竭了国库，以致莫卧儿王朝的衰落。沙·贾汗本想在河对面再为自己造一个一模一样的黑色陵墓，中间用半边黑色、半边白色的大理石桥

贾汗娶了一位波斯女子为妻，这个女子名叫阿姬曼·芭奴。她美丽聪明，多才多艺，沙·贾汗与她情笃意深，十分恩爱。无论在沙·贾汗取得王位以前的颠沛流离中，还是在他当上国王后的四处巡访时，阿姬曼·芭奴都常相伴其左右。沙·贾汗赐她"泰姬·玛哈尔"的封号，意为"宫廷中的王冠"。1631年，阿姬曼·芭奴在分娩第十四个孩子时去世。她当时38岁，已结婚18年，对她的丈夫沙·贾汗来说，她不但是亲爱的妻子，而且是一个精明的顾问。据说他听闻爱妃先他而去的消息后，竟一夜白头。他发誓要为她建造一

●泰姬陵的墙上用各色宝石镶嵌的花纹

连接，好与爱妃相对而眠。谁知泰姬陵刚完工不久，其子就弑兄杀弟篡位，他也被囚禁在离泰姬陵不远的阿格拉堡。此后整整8年的时间，沙·贾汗每天只能透过小窗，凄然地凝望着远处河里浮动的泰姬陵的倒影，直至病死。

泰姬陵因爱情而生，这段爱情故事又因它的光彩被后世续写。尽管几百年来泰姬陵的两侧一直威严地矗立着两座暗红色的清真寺为它保驾，但泰姬陵仍是孤独、寂寞的，就像一位形单影只的绝代佳人在潺潺的亚穆纳河边痴痴企盼着爱人的归来。

■磨难

就在泰姬陵建成大约一个世纪之后，整个南亚次大陆沦为英国的殖民地。据英国出版的《泰姬陵》一书披露，当时泰姬陵被改成英国青年娱乐的舞厅。他们还将凿子、铁锤带了进去，以便敲凿陵墓上的宝石和珍珠。更让人意想不到的是，当时英国在印度的总督还制订了一个拆掉泰姬陵拍卖的计划，后来由于在伦敦的第一次拍卖宣告失败，才放弃了这一计划。

印度独立后，泰姬陵成为印度普通人可以游览的景点。但是，由于长期不注意保护，泰姬陵的许多部位遭到了不可修复的破坏。大理石台阶已经磨损和出现裂痕，精美的雕刻和宝石镶嵌也遭到损坏。另外，阿格拉地区工业生产所产生的酸性烟尘，使泰姬陵的白色大理石上出现了片片黄斑。正当泰姬陵的污染问题在有关部门的通力合作下逐渐得到缓解时，恐怖主义又要将它作为袭击的目标。印度保安部门曾一度用黑布蒙住泰姬陵，以来应对可能发生的空袭。

泰姬陵如一位饱经磨难的女子，处境艰难，命途多舛。